阜阳博物馆

文物集萃

阜阳博物馆 编

文物出版社

图书在版编目（CIP）数据

阜阳博物馆文物集萃 / 阜阳博物馆编. —— 北京 ：
文物出版社，2017.8
ISBN 978-7-5010-5104-5

Ⅰ．①阜… Ⅱ．①阜… Ⅲ．①博物馆－历史文物－介
绍－阜阳 Ⅳ．①K872.543

中国版本图书馆CIP数据核字(2017)第113761号

阜阳博物馆文物集萃

编　　者：阜阳博物馆

责任编辑：智　朴

责任印制：张　丽

出版发行：文物出版社

社　　址：北京市东直门内北小街2号楼

邮　　编：100007

网　　址：http://www.wenwu.com

邮　　箱：web@wenwu.com

经　　销：新华书店

制版印刷：北京图文天地制版印刷有限公司

开　　本：889×1194　1/16

印　　张：13.75

版　　次：2017年8月第1版

印　　次：2017年8月第1次印刷

书　　号：ISBN 978-7-5010-5104-5

定　　价：280.00元

编委会名单

编辑委员会

主　　任　朱道业

副 主 任　杨新华

委　　员　刘建生　杨　柳　杨玉彬　董　波　孙丽华

编辑组

主　　编　杨　柳　刘建生

执行主编　杨玉彬

副 主 编　黄海燕　韩　朝

编　　者　魏　汉　高　影　杨钢锋　孙文浩

摄　　影　宋　朝　黄海燕

编　　务　高丽萍　李　军　李　远　刘跃红　周海峰

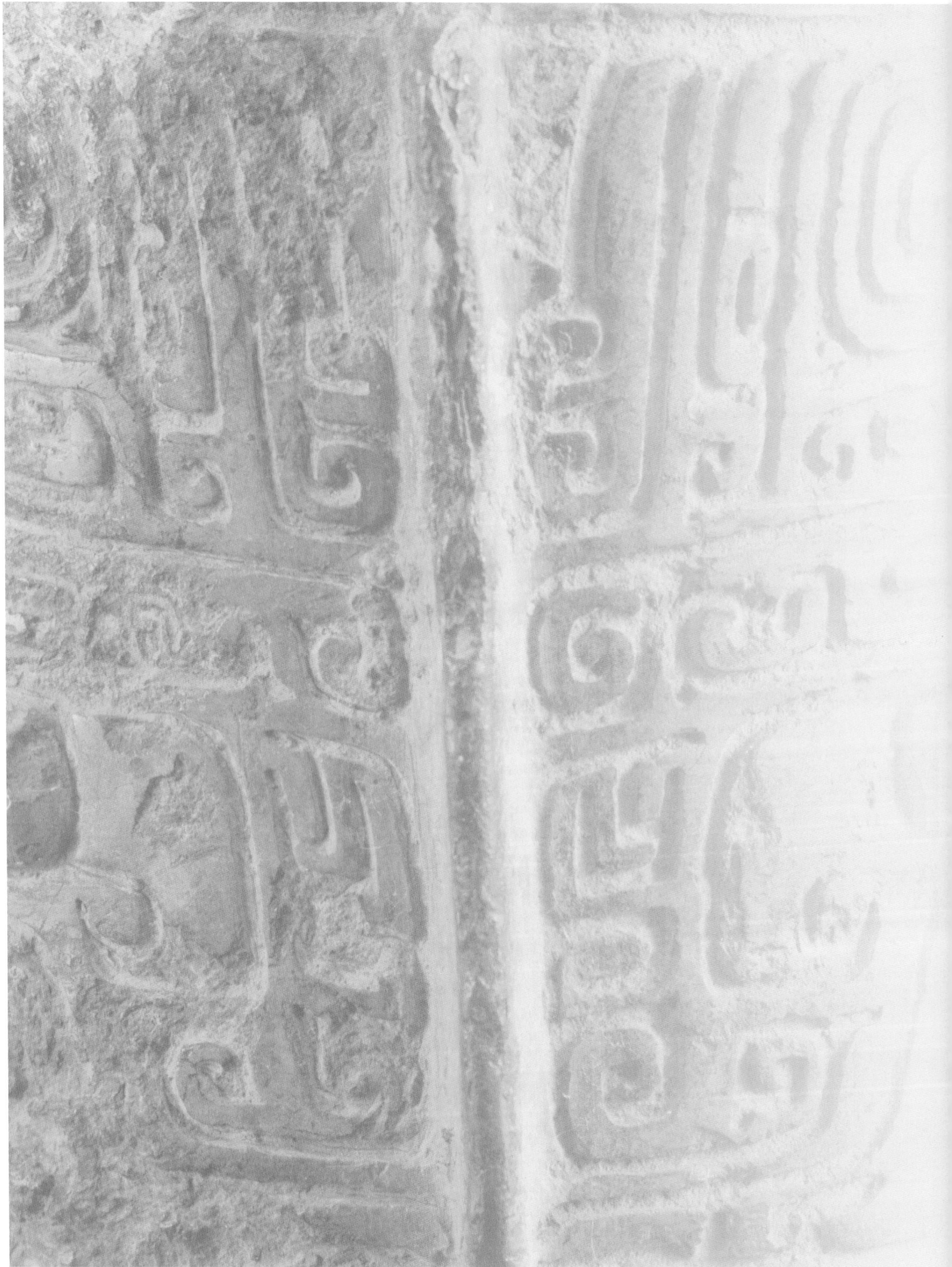

序　言

　　阜阳古为胡子国，秦设汝阴县，后魏改汝阴郡为颍州，宋称顺昌郡，金元时复称颍州，清代升颍州为府，府治改称阜阳，延续至今。

　　阜阳地处更新世淮河过渡地区，喜马拉雅山的升起，使秦岭与淮河成为我国南北地理与气候分界线。这里是我国南北地区生物群的迁徙、交汇通道。黄河、淮河、颍河等水系带来的泥沙冲积，形成黄淮大平原。阜阳土地肥美，资源丰富，水运便利，气候宜人，极适宜人类居住和从事农耕。在相当长的一个历史时期，我们的祖先就繁衍生息在这里，并创造了灿烂的文化。八千至六千年的新石器中期，阜阳境内就有原始先民在此活动。新石器时代晚期，淮河上游各支流沿岸，以农耕和渔猎生产为主的原始部落星罗棋布，很多人工堆积的土台就是他们留下的遗存。这些文化遗存，可分为大汶口文化、龙山文化和岳石文化等多种形态。

　　进入氏族部落时期，淮河中下游地区形成一支强大的淮夷部族与虎方部族，还有属于东方集团的禹、皋陶、伯夷、夔的后裔部族。传说舜时，夔曾受命为典乐，世代为乐正，夏初为后羿所灭。夔的后裔部族，有一支迁徙到汝颍地区，依其氏族建立了"归方"，同时期本地区又有西族建立了"雷方"。归方和雷方，处在汝颍水系通往东方和南方的"汝颍通道"上，对中土政权时叛时离，因此殷商武丁甲骨有征归方和雷方的记载。西周成王时期的甲骨卜辞，亦有征猷夌的记载，表明早至晚商时期胡国就已经立国。西周金文记载周族征淮夷、南淮夷时，记载了征伐或结盟猷国、猷侯的记载。历史学家经多年研究，确认"归方""雷方"和早期的猷国，都在阜阳境内。

　　1957 年阜南朱砦小润河边出土的龙虎尊等八件商代铜器，这些铜器与抗战时期出土的大方鼎和十二件铜鬲，大致在同一位置，有学者认为属于商代虎方的重器。20世纪七八十年代颍上赵集、王岗、半岗店，多次发现商周铜器和铅器，器形有鼎、甗、爵、觚、觯、卣、尊以及戈、矛、弓形器等。这些铜器铭文，出现"酉""月已""祖癸""冢父丁"等氏族和人名，说明商周时期颍水入淮水的颍尾地带，有众多的氏族和方国存在。"酉"字爵的出土和发现，印证了甲骨文讨伐"雪方"的存在和方位。临泉周楼泉河边，多次发现商代墓葬，出土过"兵父辛"等青铜器，以兵为氏族的出现，值得重视。

春秋晚期，阜阳境内的归姓胡国因亲吴扰楚，最后被楚昭王于公元前495年灭亡。1988年阜阳白庙徐庄农民在颍河西岸坝塘内发现春秋铜器，后又有零星小件或残件铜器出土，可惜尚未发现铭文。这里是古汝水泉河入颍的北岸，是传说的胡子国国都，我们期待今后能有更多的胡国文物出土。

春秋晚期及战国时代，楚国占有了汝淮流域。后受秦近逼，政治中心逐渐东移，从陈迁徙到钜阳（今太和境内），又沿谷河迁徙到寿春。楚国在颍汝地区留下了很多墓葬，如临泉郭大庄、阜阳白庙、宁老庄、尚庄及阜阳郊区都有发现。市博物馆曾对临泉郭大庄、阜阳尚庄大型楚墓作了考古清理。这两座墓早年被盗的很彻底，仅残留了玉璧和琉璃璧各一件，玉韘一件、错银镈两件，可见古代改朝换代盗墓风气的惨烈。

20世纪在阜南三塔朱大湾、临泉铜城坟塘、艾亭西南的洪河岸边发现楚国后期货币"郢爰""陈爰"与金饼，重达2524克，是全国第一次发现完整的三大块郢爰。因其形制仿乌龟壳的外形，被称为龟币，这也是第一次发现金饼与郢爰、陈爰共出。这三批楚金币的出土，印证了春秋战国时代，确实存在一条从河南方城经上蔡、繁阳至下蔡的商道，即文献中所云的"夏路""夏道"。大批金币的出土，反映了此期这一"夏道"沿途商业的繁荣。

阜阳境内，还出土有大量的楚国玺印，对楚国史研究具有重要的参考价值。如"鄝厚行邑大夫玺""黄里贲玺"等，反映了楚国后期政权东移的史实。失去领地的楚国封君和贵族大夫，重新在异地"东国"一带获得了封地，称作"行邑"，它实则是楚人逃亡在外的政权归宿地。湖北发现的包山楚简120~123条内容，解析了秦末农民起义军领袖陈胜故里阳城位置，它大体在阜南县于集古城一带，"羹里貣玺"基层官印，是对这一说法的有力旁证。

1982年，临泉艾亭农民发现秦代铁斗量器，其上镶秦始皇廿六年统一度量衡铜诏版一块。农民把铁斗砸碎取出诏版向银行出售，诏版右上角，当时为检测金属成分而被剪去一角，后被县博物馆发现收藏。这是安徽省第一次发现秦统一度量衡的诏版，诏书后又加刻"新蔡斗"三字，在全国发现的秦诏版中注明使用地名的仅此一件。

汉代是历史上极为昌盛的时代，留下的文物最为丰盛，阜阳最负盛名的首推汝阴侯墓的发掘。1977年阜阳博物馆配合农业学大寨平整土地，抢救性对双孤堆汝阴侯夫妇墓进行了发掘。发掘材料表明，该墓系汉初开国大功臣夏侯婴之子夏侯灶夫妇合葬墓。其本人为就封，文帝九年由其子夏侯灶就国。文帝十五年（公元前165年）去世，在位七年。武帝元鼎二年汝阴侯传到第四代夏侯颇因罪自杀国除，罪状牵连到父祖，受到毁坟灭祖惩罚，双孤堆遭到公开的大揭盖的破坏，发掘现场看得很清楚。

汝阴侯墓虽然早年被破坏，仍出土数百件文物，主要是漆器、兵器和铜器。其中漆制天文仪器：圆仪、圭表、式盘等均为全国首次发现，学术价值很高。竹简和木牍为该墓最珍贵的发现，竹简数量有3792条（片），内容分为22类，有"仓颉篇""诗经""周易""年表""刑德""相狗""作务员程""春秋事语""儒家者言"等。其中"周易"简的卦画，旁证了历史学家张政烺先生首提出的《周易》卦画是由数字卦七·八数字演变而来的学术观点。

1966～1975年，我馆曾在涡阳县西阳集和大王店发掘两座东汉时期的砖石结构墓葬，出土一批陶冥器。西阳集汉墓出土的高台三层陶望楼和大王店出土的四层陶戏楼反映了东汉时期高层建筑的技术水平，其中陶戏楼第二层设舞台，有五人在演奏和拿大顶。此陶戏楼的出土将我国戏剧舞台的出现，从北宋时期上推到东汉时期。

1975 年涡阳嵇山石工放炮开山发现西汉崖墓两座,一座早年被盗,一座被石工炸开后遭到哄抢。经过现场艰苦的征集工作,收缴了一批玉器、铜器、鎏金器、陶器等 19 件文物。其中最珍贵的玉雕人和一件描金鎏金嵌玉的杯形器,2013 年曾参加中、意两国联合举办的"罗马与汉代文物展"。

1974 年阜阳西郊开挖灌渠,发现一座船形砖室墓,被民工从墓顶打破从墓室取出瓷碗、瓷盒、银耳挖、臂钏等上交博物馆。后从空心银臂钏中取出两张纸质陀罗尼经咒,一张为汉字音译的手写品,一张为梵文悉昙体木板印刷品。木板纸质印刷品的出土为阜阳市乃至全省都是第一次发现,为我国最早发明印刷术提供了又一个实物证据。

1972 年阜阳人民剧场后院县梆剧团建宿舍楼,挖地基时发现 300 多件银钗,此外还有银链、银镯、银钏等,重达 40 余斤,另有金钏、金钗 556 克;1976 年涡阳店集又出土了一批金银器,金器有钏、香囊、耳环等重 625 克,银器有链、钗、荔枝纹带扣、镑、钏等重 12.5 斤。这两批宋代金银器被埋入地下反映了宋金民族战争的惨烈。埋主有两种可能,梆剧团宿舍楼工地出土的银钗,数量众多,产地不一,非一般家庭可以消费,只能是寺庙的信众的供品,这批金银器的出土为我们寻找颍州唐宋著名寺庙开元寺和十八罗汉堂有了佐证。店集出土的金银器,有银荔枝纹带镑,这是宋代官吏级别的腰带象征。这批金银器可能是宋代官吏在金兵追击下南逃时埋入地下的财富。

以上所谈新中国成立以后阜阳出土的珍贵文物,均具有重要的证史、补史、校史价值。

阜阳博物馆成立于 1958 年,创建初期挂靠地区专属展览馆,1961 年正式独立建制。几十年来,三代文物工作者艰苦努力,下基层、赴水利工地、到废品回收库房以及城市建筑工地,哪里有出土文物,哪里就有他们的身影。征集的艰难是难以想象的,好在国家的文物保护政策是他们工作的保障,现如今馆藏文物已达 12.6 万余件,其中一级文物 64 件、二级文物 294 件、三级文物 2000 多件,可谓硕果累累。此外阜阳博物馆还为国家博物馆、安徽省博物馆提供了龙虎铜尊、兽面纹尊、楚郢爰、陈爰、金饼、东汉建武年五铢钱范、东汉陶戏楼等一批重要文物。

党的十八大以后，习近平总书记倡导保护文化遗产，保存城市文脉，强调党委和政府要增强对历史文物的敬畏之心。习主席在全国文物工作会议上再次强调："文物承载灿烂文明，传承历史文化，维系民族精神，是老祖宗留给我们的宝贵遗产，是加强社会主义精神文明建设的深厚滋养，保护文物功在当代，利在千秋。"李克强总理强调："充分发挥文物的公共文化服务和社会教育功能。要积极动员各方力量，努力形成全社会参与文物保护的新格局，让宝贵遗产世代传承、焕发新的光彩，为繁荣文化事业、促进经济发展和社会进步作出新的贡献。"阜阳博物馆在总书记和总理的指示感召下，决定从我市历年出土的文物中选择一批精品，编辑一本图录公开出版，必将在传播文物知识、增强人民爱祖国、爱乡土、爱社会主义意识方面发挥重要作用。一年多来，博物馆领导和同志全力以赴，先对藏品进行初步遴选，好中取优，经过多次讨论决定遴选出了200件珍贵文物，汇编成书，每件文物都撰写了详细说明，并做了认真修改。图录的出版，展示了阜阳市几代文物工作者辛勤努力的成就，这些馆藏文物昭示于众，将世世代代滋养后人，为传承传统文化、复兴中国梦发挥重要作用。

韩自强

2016 年 10 月 10 日

目　录

● **铜器**

1. 兽面纹瓢 ………………………… 2
2. "酉" 爵 …………………………… 4
3. "月已" 爵 ………………………… 5
4. 饕餮纹分裆鼎 …………………… 6
5. 龙虎尊 …………………………… 8
6. 兽面纹斝 ………………………… 10
7. 兽面纹爵（2件）………………… 12
8. 兽面纹鬲（1组）………………… 14
9. 兽面纹尊 ………………………… 16
10. 三角纹鼎 ………………………… 18
11. 云雷纹觯 ………………………… 19
12. 双龙耳簋 ………………………… 20
13. 兽面纹分裆甗 …………………… 22
14. 蟠虺纹盘 ………………………… 24
15. 兽耳簋 …………………………… 25
16. 窃曲纹鼎 ………………………… 26
17. 蟠虺纹钲 ………………………… 27
18. 虎钮錞于 ………………………… 28
19. 铁足铜鼎 ………………………… 30
20. 宽缘折腹圜底铜炒锅 …………… 32

21. 衣鼻 ……………………………… 34
22. 错金银带钩 ……………………… 35
23. 郢大府铜量 ……………………… 36
24. "大梁七年" 戈 ………………… 37
25. 错银戈鐏（2件）………………… 38
26. 几何云纹壶 ……………………… 39
27. 鎏金香薰 ………………………… 40
28. 鎏金邑 …………………………… 41
29. 鎏金耳杯底座 …………………… 42
30. 提梁钫 …………………………… 44
31. 铺首甑釜 ………………………… 46
32. 提梁扁壶 ………………………… 48
33. 防风行灯 ………………………… 49
34. 青铜提梁樽 ……………………… 50
35. 灶及炊具（1组）………………… 52
36. 刻花兽纹筒 ……………………… 56
37. 鎏金嵌宝石熊形器足 …………… 57
38. 凤首鐎盉 ………………………… 58
39. 斑鸠杖首 ………………………… 59
40. 铜铺首（1对）…………………… 60
41. 辟邪 ……………………………… 61

42. 雕龙短交狭刃矛 ⋯⋯⋯⋯⋯ 62

43. 鐎斗 ⋯⋯⋯⋯⋯⋯⋯⋯⋯⋯ 63

● 铜镜

1. 四山纹镜 ⋯⋯⋯⋯⋯⋯⋯⋯ 64

2. 昭明镜 ⋯⋯⋯⋯⋯⋯⋯⋯⋯ 66

3. 星云纹镜 ⋯⋯⋯⋯⋯⋯⋯⋯ 67

4. "新兴辟雍"铭八乳博局禽兽纹镜 ⋯ 68

5. "汉有名镜"铭四神博局纹镜 ⋯ 70

6. "汉有善铜"铭四乳博局纹镜 ⋯ 71

7. "黍言之纪"铭四神博局纹镜 ⋯ 72

8. "蔡氏"铭龙虎纹镜 ⋯⋯⋯⋯ 73

9. 四乳博局禽兽纹镜 ⋯⋯⋯⋯ 74

10. "蔡氏"铭四乳神人车马画像镜 ⋯ 76

11. 葵花边双鸾衔绶纹镜 ⋯⋯⋯ 78

12. 王子乔吹笙引凤镜 ⋯⋯⋯⋯ 79

13. 双兽双鸟衔绶纹菱花镜 ⋯⋯ 80

14. 真子飞霜镜 ⋯⋯⋯⋯⋯⋯⋯ 81

15. 飞雁芙蓉镜 ⋯⋯⋯⋯⋯⋯⋯ 82

16. "隆庆四年"铭素面镜 ⋯⋯⋯ 83

● 陶器

1. "女市"陶罐 ⋯⋯⋯⋯⋯⋯⋯ 84

2. "上陈"陶罐 ⋯⋯⋯⋯⋯⋯⋯ 85

3. "汝阴宫当"瓦当 ⋯⋯⋯⋯⋯ 86

4. 灰陶彩绘蹲跪小人俑（3件）⋯ 87

5. 灰陶女俑 ⋯⋯⋯⋯⋯⋯⋯⋯ 88

6. 陶制刻花熏炉 ⋯⋯⋯⋯⋯⋯ 89

7. 灰陶炉镂 ⋯⋯⋯⋯⋯⋯⋯⋯ 90

8. 褐釉红陶厨房 ⋯⋯⋯⋯⋯⋯ 91

9. 绿釉陶猪圈厕所 ⋯⋯⋯⋯⋯ 92

10. 刻划纹原始瓷罍（2件）⋯⋯⋯ 93

11. 灰陶动物俑 ⋯⋯⋯⋯⋯⋯⋯ 94

12. 灰陶仓房 ⋯⋯⋯⋯⋯⋯⋯⋯ 96

13. 彩绘高台望楼 ⋯⋯⋯⋯⋯⋯ 98

14. 绿釉陶戏楼 ⋯⋯⋯⋯⋯⋯ 102

● 瓷器

1. 青釉狮形插 ⋯⋯⋯⋯⋯⋯⋯ 104

2. 三彩钵 ⋯⋯⋯⋯⋯⋯⋯⋯ 105

3. 如意云纹刻花白釉枕 ⋯⋯⋯ 106

4. 巩窑白釉圆盒 ⋯⋯⋯⋯⋯⋯ 107

5. 白釉花口碗 ………………………… 108

6. 白釉黑花五足灯 …………………… 108

7. 白釉黑褐花纹罐 …………………… 109

8. 黑釉双系罐 ………………………… 110

9. 耀州窑印花青瓷碗 ………………… 111

10. "风花雪月"四系瓶 ……………… 112

11. 黑釉双系罐 ………………………… 114

12. 磁州窑白釉黑彩花卉纹罐 ……… 115

13. 白釉褐彩虎形枕 …………………… 116

14. 豆青釉印花盂 ……………………… 117

15. 锯齿口沿白釉瓷小碗 …………… 117

16. 白釉褐彩蒜形罐 …………………… 118

17. 黑釉刻花四系瓶 …………………… 119

18. "煊薄公"铭蓝釉碗（4件）…… 120

● 钱币

1. 郢爰金钣（3件）………………… 122

2. "殊布当釿"布币（1组）……… 123

3. 陶冥币（2件）…………………… 124

4. 大泉五十青铜钱母范 …………… 125

5. 五铢铜钱（1组）………………… 125

6. "聂秦家肥花银"银铤 …………… 126

7. "聂匠" "小大郎口"银铤 ……… 127

8. "聂二助聚匠"银铤 ……………… 128

9. "东王三口" "王九大下"银铤 … 128

10. 韩林儿龙凤通宝铜钱 …………… 129

11. "咸丰二年五月临县"铸银元宝 … 129

12. "咸丰年月" "永年县"银元宝 … 130

13. 皖西北苏维埃铜币（6枚）…… 131

14. 苏维埃壹圆银币 ………………… 131

● 印章

1. "安石里典"铜印 ………………… 132

2. "单父左司马"铜印 ……………… 132

3. "中州之玺"铜印 ………………… 133

4. "冀里贠玺"铜印 ………………… 133

5. "专室之玺"铜印 ………………… 134

6. "新东易邑大夫玺"铜印 ………… 134

7. "左博玺"铜印 …………………… 134

8. "北地侯丞"铜印 ………………… 135

9. 辟邪钮铜套印 …………………… 135

10. "后将军军司马"铜印 …………… 136

11. "左将军假司马" 铜印 ⋯⋯⋯⋯ 136

12. "城广卿" 铜印 ⋯⋯⋯⋯⋯⋯⋯ 137

13. "提控之印" 铜印 ⋯⋯⋯⋯⋯⋯ 137

14. "汝阴县印" 铜印 ⋯⋯⋯⋯⋯⋯ 138

15. 正大三年 "临涣县税务记" 铜印 ⋯⋯ 139

16. 张大赞金印 ⋯⋯⋯⋯⋯⋯⋯⋯ 139

● 玉器

1. 韘形玉佩 ⋯⋯⋯⋯⋯⋯⋯⋯⋯ 140

2. 舞人玉佩（2 件）⋯⋯⋯⋯⋯⋯ 140

3. 琉璃蝉 ⋯⋯⋯⋯⋯⋯⋯⋯⋯⋯ 141

4. 玉蝉 ⋯⋯⋯⋯⋯⋯⋯⋯⋯⋯⋯ 141

5. 鎏金铜座玉杯 ⋯⋯⋯⋯⋯⋯⋯ 142

6. 玉耳塞、鼻塞 ⋯⋯⋯⋯⋯⋯⋯ 143

7. 浮雕玉剑璲 ⋯⋯⋯⋯⋯⋯⋯⋯ 143

8. 谷纹玉璧 ⋯⋯⋯⋯⋯⋯⋯⋯⋯ 144

9. 玉珌、玉璜 ⋯⋯⋯⋯⋯⋯⋯⋯ 144

10. 镂空龙纹 "亚" 字形青玉带板 ⋯⋯ 145

11. 双螭纹长方形玉牌 ⋯⋯⋯⋯⋯ 145

12. 玉匜 ⋯⋯⋯⋯⋯⋯⋯⋯⋯⋯⋯ 146

13. 白玉钩 ⋯⋯⋯⋯⋯⋯⋯⋯⋯⋯ 147

14. 青玉钩 ⋯⋯⋯⋯⋯⋯⋯⋯⋯⋯ 147

15. 青玉龙钩 ⋯⋯⋯⋯⋯⋯⋯⋯⋯ 148

16. 白玉龙钩 ⋯⋯⋯⋯⋯⋯⋯⋯⋯ 148

17. 龙翠钩 ⋯⋯⋯⋯⋯⋯⋯⋯⋯⋯ 149

18. 凤翠钩 ⋯⋯⋯⋯⋯⋯⋯⋯⋯⋯ 149

● 书画

1. 陀罗尼写经、印经 ⋯⋯⋯⋯⋯ 150

2. 送李愿归盘谷序（1 组）⋯⋯⋯ 152

3. 白猿图 ⋯⋯⋯⋯⋯⋯⋯⋯⋯⋯ 154

4. "为善最乐" 隶书横幅 ⋯⋯⋯⋯ 155

5. 深山访友图 ⋯⋯⋯⋯⋯⋯⋯⋯ 156

6. 仕女图 ⋯⋯⋯⋯⋯⋯⋯⋯⋯⋯ 157

● 造像

1. 菩萨铜坐像 ⋯⋯⋯⋯⋯⋯⋯⋯ 158

2. 鎏金如来铜像 ⋯⋯⋯⋯⋯⋯⋯ 160

3. 鎏金文殊铜像 ⋯⋯⋯⋯⋯⋯⋯ 162

4. 鎏金普贤铜像 ⋯⋯⋯⋯⋯⋯⋯ 163

5. 嘉庆款佛铜坐像 ⋯⋯⋯⋯⋯⋯ 164

6. 嘉靖真武铜像 ⋯⋯⋯⋯⋯⋯⋯ 166

7. 关公铜坐像 …………………… 168

8. 韦驮铜像 …………………………… 169

9. 鎏金财宝天王铜像 ……………… 170

10. 鎏金骑狮护法僧铜像 ………… 171

● **其他**

1. 大理石石镇（4 件） …………… 172

2. 铅质哀铭 ………………………… 173

3. 金顶针 …………………………… 174

4. 辟邪金佩 ………………………… 174

5. 瓜形串珠金项链 ………………… 175

6. 錾花环形金耳饰（1 对） ……… 175

7. 錾花金牌饰（香囊）（4 件） … 176

8. 錾花金镯（1 对） ……………… 178

9. 银项圈 …………………………… 178

10. 金跳脱 …………………………… 179

11. 洒金纸扇 ………………………… 179

12. 彩绣黄马褂 ……………………… 180

13. 龙纹袍 …………………………… 184

14. 千仓师范学堂陈鸣谦毕业文凭 ………… 188

15. 犀牛角杯（2 只） ……………… 190

16. 都督张纪念牌 …………………… 192

17. 洪宪元年地契 …………………… 193

● **西汉汝阴侯墓**

1. 银削柄（3 件） ………………… 194

2. 铜戈 ……………………………… 195

3. 铜鐏 ……………………………… 195

4. 长铜剑 …………………………… 196

5. 铜错金弩机 ……………………… 196

6. 铜弩机（2 件） ………………… 197

7. 铜行灯 …………………………… 198

8. 鸠杖 ……………………………… 198

9. "汝阴家丞"封泥（2 件） ……… 199

10. 错金铜弓弭（4 件） …………… 199

11. 阜阳汉简（1 组） ……………… 200

铜器

1. 兽面纹觚

商
通高 28.1、口径 17、足径 9.3 厘米
颍上县岳其尉先生捐献

饮酒器，圆唇，腹部细长，高圈足，造型修长雅致，全器中部以下出棱。颈饰蕉叶纹附以其他动物纹饰装饰，腹饰饕餮纹，用夔纹装饰眉毛。圈足饰两组饕餮纹、蝉纹，以云雷纹为底纹。此觚纹饰复杂奇丽，以主题纹饰、辅助纹饰和底纹组合而成。

2. "酉"爵

商

高 25、流尾长 16.3、口宽 8 厘米

颍上县赵集出土

卵形腹，三棱高足。两菌状柱在口沿流折后，面饰勾云纹。龙首鋬，与一足垂直。相对腹处刻有篆字"酉"。腹饰兽面纹。

3. "月已"爵

商

高 19.5、流尾长 14、宽 7.8 厘米

颍上县半岗赵集王拐村出土

卵形腹，三棱高足，两菌状柱在口沿流折后，菌帽上饰勾云纹。龙首鋬，与一足垂直，相对腹刻有"月已"，腹饰云雷兽面纹。

4. 饕餮纹分裆鼎

商

口径 17.7、高 22.1 厘米

蚌埠合作社拣选

唇口，直耳，分裆三柱足，鼎足上饰变形蝉纹。器体底纹为云雷纹，主体为三组饕餮纹。

5. 龙虎尊

商

高 50.5、口径 45、腹深 41.5、足径 24 厘米

1957 年阜南朱寨小润河北岸出土

现藏于中国国家博物馆

尊侈口束颈，宽肩，有三龙头伸出肩外，龙身蜿蜒盘于肩部，尾部各有一条小龙张口相随，龙头下各有一条扉棱，直达腹底，腹部被分割成三组浮雕画面。每组画面主题都是一只双身老虎，伸头张牙咧嘴，虎口下衔着一位裸体文身、双臂上举、下肢蹲坐似蛙形的人体，两旁配以象首纹。高圈足，有三个十字镂孔，足的下部三面饰兽面纹。龙头与虎头是预先铸成，再放进外范进行整体二次浇铸，尊体外壁凸出的花纹内模都凹进去，使尊体厚薄一致。

6. 兽面纹斝

商

高 45.8、口径 22.6 厘米、腹深 19.5、耳高 12、足高 16 厘米

1957 年阜南朱砦小润河北岸出土

现藏于安徽省博物馆

侈口，束腰平底，腰腹分段，其间置一弓形扁鋬，口沿上立高大的帽形双柱，腹下为三个"T"形刀足。腰腹部各饰三组兽面纹，并在每两组兽面纹相邻处又增饰小兽目，菌形柱上饰涡纹。此器对研究商文化向东南地区传播具有重要意义。

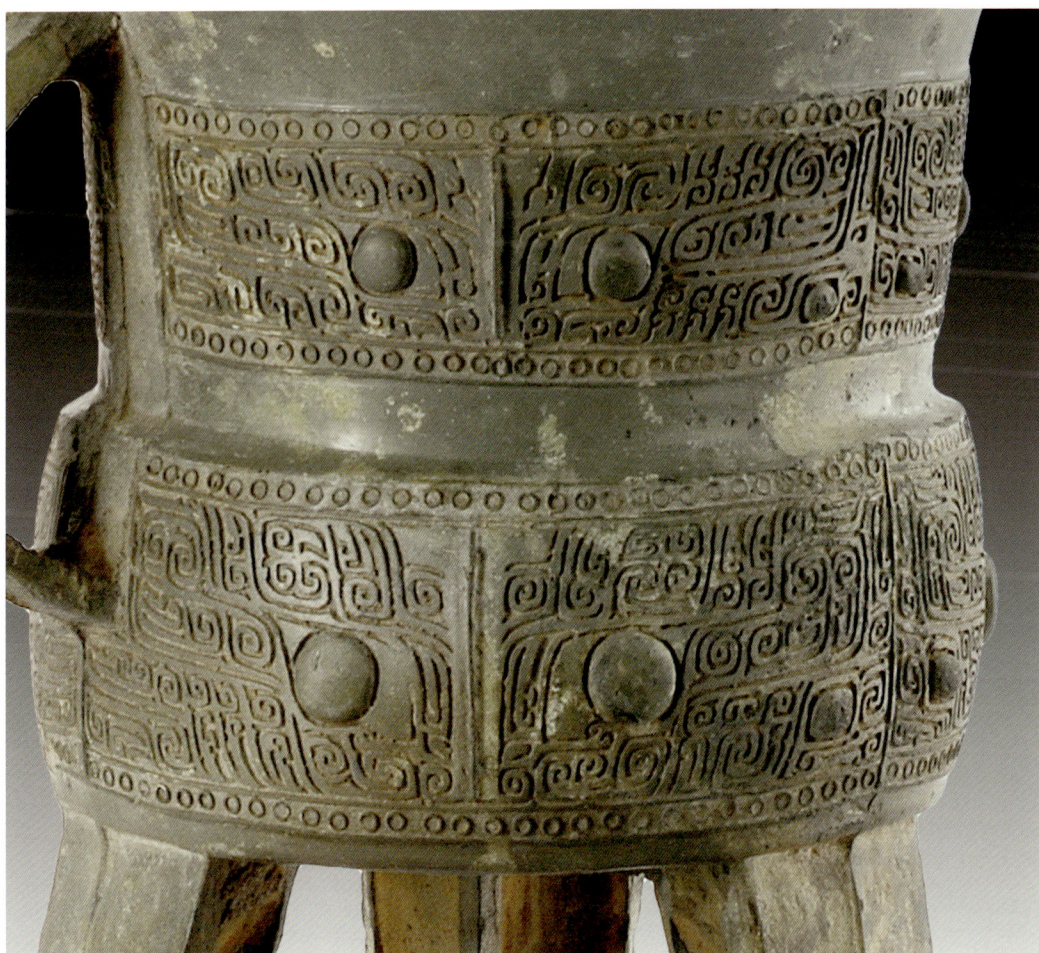

中国国家博物馆藏

7. 兽面纹爵（2件）

商

高 28.2、尾流长 19.2、尾流宽 9.8、腹深 11.5、足高 13 厘米

1957 年阜南县朱砦小润河北岸出土

现藏于中国国家博物馆、安徽省博物馆各 1 件

安徽省博物馆藏

圆体，深腹，流狭长，短尾，圜底，三个"T"形刀足。流末端二柱合一形成菌形单柱，颈腹间置一鋬，鋬下对应一足。腰腹间以兽面纹为主纹，其余用云雷纹填充，上下各有一周连珠纹，帽形柱饰涡纹。

商

通高 23.1，口径 15.4 厘米

1944 年阜南朱砦小润河岸出土 12 件

现藏于中国国家博物馆、安徽省博物馆

出土 1 组 12 件兽面纹鬲，形制、尺寸、大小相同，纹饰略异。鬲折沿外侈，上立双弓耳，束颈，斜直壁，腹下分裆。浅袋足，锥形足尖，中空，颈饰变形兽面纹。腹部对应三足饰三足兽面纹，以云雷纹饰地，兽目间各设一扉棱。

中国国家博物馆藏

9. 兽面纹尊

商

高 47、口径 39.3、腹深 38.5、足径 24 厘米

1957 年阜南朱砦小润河北岸出土

现藏于安徽省博物馆

侈口、折肩、鼓腹、高圈足。肩饰三虎首，虎首间用镂空扉棱分隔，腹饰三足浮雕兽面纹。器内随表面浮雕而起浮，圈足有三个"十"字形镂孔，颈足各饰三弦纹。器腹内壁随器表浮雕纹饰走向而凹凸，这种铸造方法尚未见于中原地区，反映出淮河流域当时青铜文化的发展水平。

10. 三角纹鼎

西周

通高 14.5、口径 12.5 厘米

蚌埠土产站拣选

直耳，口沿外撇，鼓腹，半圆柱足，腹部有一周
连续三角纹。柱足根部饰变形蝉纹。

11. 云雷纹觯

西周

高 14、口径 7.5、足径 6.8 厘米

阜阳博物馆征集

椭扁体形状，侈口，束颈，深腹。高圈足，腹饰
一周云雷纹，圈足有一周几何纹饰。

12. 双龙耳簋

西周

通高 15.5、口径 21.4、底径 17.2 厘米

颍上县王岗镇出土

颍上县文物管理所藏

圆形，直口外侈，圆鼓腹，圈足。腹左右对称设半环形双耳，耳作兽首状，上腹及圈足饰环带状兽面纹、云雷纹。

13. 兽面纹分裆甗

西周

通高 48、口径 28 厘米

颍上县王岗镇出土

颍上县文物管理所藏

器作甗、鬲连体，侈口束腰，索状
立耳，鬲部分裆，三柱足，腰间有算，
口沿下饰三组兽面纹，腹饰一周蕉
叶形龙纹，鬲部袋腹饰牛首纹。

14. 蟠虺纹盘

春秋
高 10.5、口径 38、底径 26.7 厘米
太和合作社胡窑出土

侈口，浅腹附耳，圈足外撇。腹饰
一周蟠虺纹，圈足饰一周垂鳞纹。

15. 兽耳簋

春秋
高 21.5、口径 20 厘米
1993 年阜阳县文物管理所移交

由器身和器盖两部分以子母口套合构成。盖圆形微鼓，腹部对称饰四个圆钮，顶端有圆形镂空提手；
器身圆形口，深弧腹外鼓，上腹部左右对称饰一对兽首耳，中腹部饰圆钮。高圈足。

16. 窃曲纹鼎

春秋

高 29、口径 28.2 厘米

阜南方集丁营西沟出土

直耳外撇，侈口，三蹄足。耳饰带状实心点状纹。

腹部纹一周窃曲纹，腹下部有一凸弦纹。

17. 蟠虺纹钲

战国
通高 38.5、铣长 8.9、钮长 16.2 厘米
蚌埠土产站拣选

扁圆腹狭长，铣部尖长，一角呈八菱形，有长执柄，柄顶部为卷龙，整体为带状纹饰分为四区，区内饰蟠虺纹。

铜器

18. 虎钮錞于

战国

高 41、口径 16.5~17.5、底径 20~24 厘米

涡阳县龙山公社徐广楼村出土

直口，短颈，丰肩，腹内收，底稍外撇，中空，无底。顶正中有一虎钮，腹部对称饰有圆形涡纹，底部饰一周弦纹。

19. 铁足铜鼎

战国

通高 27、口径 21.8 厘米

阜阳城郊出土

敛口，鼓腹，附两耳，铁兽足，腹部
弦纹一周，盖有两同心弦纹，外弦纹
三等分处有三卧兽，中心桥形钮。

20. 宽缘折腹圜底铜炒锅

战国
口径 69.7、高 11.5 厘米
临泉合作社拣选

盘通体素面，直口竖壁，口缘宽平，折腹圜底。

21. 衣鼻

战国
长 4.6、高 1.85 厘米
亳县蚕场空心砖墓出土

正长方体折弯钩，焊接椭圆形扁首，上刻饰兽
面纹。器身正及两侧錾刻篆书铭文。

22. 错金银带钩

战国
长 13、宽 2 厘米
涡阳西阳一号墓出土

体狭长，圆柱体，龙首弯曲，背有
一扁圆钮。勾身饰两组错金银几何
纹，被三带状弦纹区分。

23. 郢大府铜量

战国

高 12、口径 11.5 厘米

凤台县废品收购站拣选

圆筒形，平底。通体光素无纹，器身中部有一
环形錾，錾左侧阴刻铭文："郢大府之敦"。
容积 1110 毫升。

24. "大梁七年"戈

战国魏
长 20.7、援长 12.7、内长 8、胡长 10.5 厘米
临泉县文化馆移交

戈身有援、内、胡组成，胡上有四穿，内上有一横穿。内尾阴刻铭文三行十四字："七年大梁司寇□右库工师□治□"。

37

①

25. 错银戈鐏（2件）

战国

① 高 11.7、宽 3.2 厘米

② 高 10.5、宽 3.1 厘米

阜阳宁老庄尚庄大古堆出土

椭圆形柱，右器顶至底端三分之一处，有出箍，分器为上下二区。一件上下同饰错银卷云几何纹；另一件上区饰龙纹，下区饰凤纹，龙凤形象矫健动感。

②

26. 几何云纹壶

战国
通高 34.5、口径 10 厘米
阜阳市建材总厂出土

整器由盖及器身构成。盖圆形微鼓，上有三个
扁圆形捉手。器身圆口、长颈、溜肩、弧腹外
鼓，腹部左右对称饰两组铺首衔环，腹自上而
下饰三道弦纹，高圈足。

27. 鎏金香薰

西汉
高 11.5、口径 8.5、底径 6.8 厘米
涡阳县石弓山嵇山崖墓出土

通体鎏金。仿青铜器豆形，高足带盖。盖
饰透雕螭虎花纹，中央有环形纽。炉体腹
部饰一道宽带凹弦纹，两侧有双环耳，高
足柄的上部有一道凸棱，圆形圈足。

40

28. 鎏金邑

西汉
高 10.2、口径 7.2 厘米
涡阳县石弓山嵇山崖墓出土

通体鎏金，盖微凸，中央有环形纽。器身
为圆筒形，中部和下缘各饰宽带纹一道，
三兽蹄形足，器身中部有一环形錾。

29. 鎏金耳杯底座

西汉
高 11、长 16.2、宽 10.7、底径 12 厘米
涡阳石弓嵇山墓出土

通体鎏金，圆柱形体，体上向上伸展四
花枝状托，圆底座浅圈足，柱体饰三周
弦纹，圆底上有柿蒂纹。

30. 提梁钫

汉
高 29.8、口径 10、底长 12.1、宽 11.8 厘米
涡阳合作社拣选

通体无纹饰，双衔环，双龙首衔环与腹部铺首相连，一环断，内口沿下铸阳文隶书"日利"铭文。

31. 铺首甑釜

汉

通高33、口径28.5、底径14厘米

临泉周桥八里庄南塚子出土

釜腹中部有一扉棱，环腹体一周。腹部两侧浅圈足，折沿。甑中部有三圈弦纹贯穿，对称装饰两个铺首。深圈足。底算中心用十字漏分四区，各有向四周放射线状的算漏。

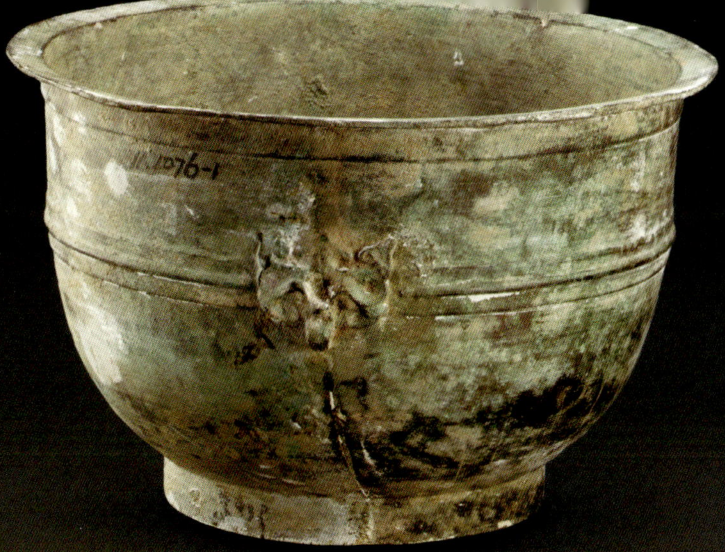

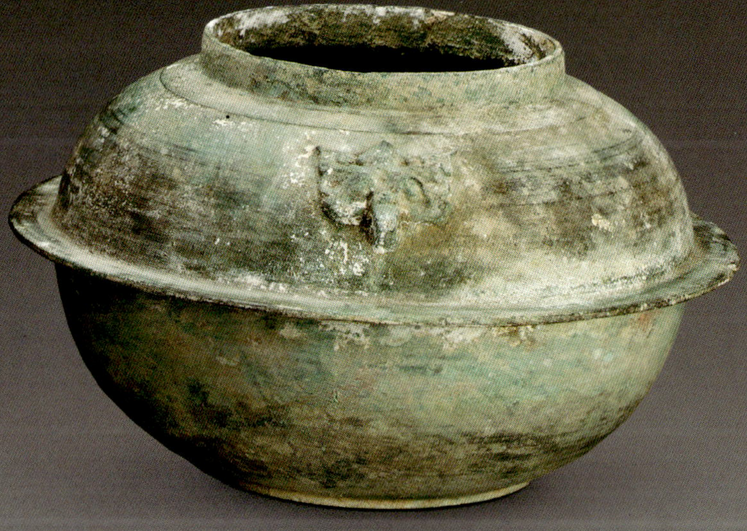

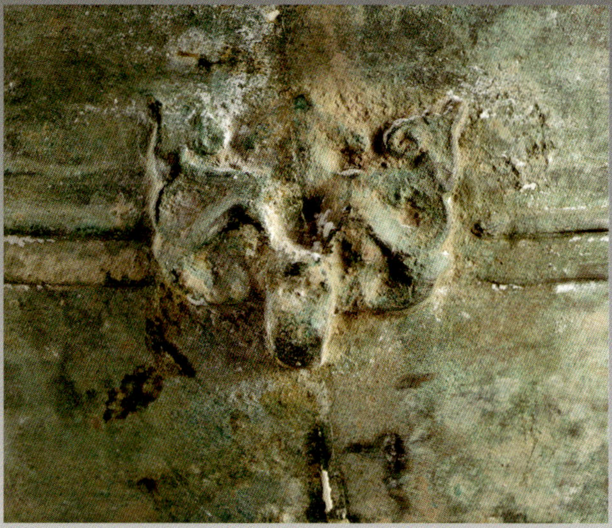

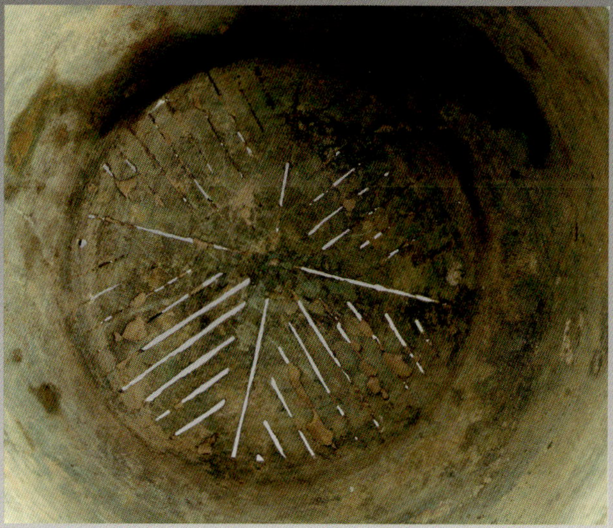

32. 提梁扁壶

西汉

高 27.5、厚 8、宽 25.2、口径 5.6、底 16.5 厘米

临泉铜城大王庄出土

椭圆形壶体，长方形底，足外撇，蒜头口，壶肩部有两半圆环，连接"8"字形弦纹链，两龙首衔环提梁，腹中部有一随形圈纹。

33. 防风行灯

汉

长 12.8、宽 11、高 9.2 厘米

蚌埠土产站拣选

由炉盖、炉身和底座三部分分别浇铸，连接而成。灯罩鼓出呈半镂空球面体，上面满饰透空的斑孔及摸铸的浮雕纹饰，因锈蚀不辨其形。顶有一小鼻钮，灯身为圆形浅盘，盘心竖一尖细灯芯。盘三立足，其中一足与一曲长扁柄连铸。柄首上部饰龙首纹。罩与身有扣环相连，罩可翻转打开，以便点灯。

34. 青铜提梁樽

汉

通高 29.8、樽高 21.8、口径 14.5、底径 14.9 厘米

阜阳医药仓库楼出土

筒形，直口，有盖和提梁，三兽形足。盖顶中部立一环形纽，提梁呈弧形，两端以兽首衔环，与器身两侧的系相连，器身中部和底部各饰有宽带纹一周。

35. 灶及炊具（1组）

汉

灶：长 37、宽 20.6、高 22.4 厘米；

鼎（2 件）：口径 10、高 14.2、15 厘米；

井：沿 10.2、底 19.5、高 13 厘米；

罐：高 6 厘米；

碗：口径 15、底径 7、高 7.7 厘米；

勺：长 15.5、宽 7.1 厘米；

耳杯（2 件）：长 6.3、宽 5.4、高 1.8 厘米；

阜阳县红旗中学院内出土

由灶（附釜、甑）、鼎（2件）、井、罐、碗、勺、耳杯（2件）等组成，均光素无纹。

船形灶，一头尖，一头平齐，中间略宽，尖头上设一烟筒，灶面设二火口，一置双立耳铜釜，一置小口圆腹铜甑，灶内空。

两鼎形制相同，有盖。盖上有三钟形钮，子母口，立耳，圆腹，腹中起棱一周，三兽足外撇。

井为方形，有口沿，井台为梯形，以子母口与井相接。

双耳小罐，鼓腹，无底。

碗，折沿，深腹，圈足。

勺，呈半球形，柄微曲，柄首为禽首形。

两耳杯形制相同，椭圆形，新月形耳，平底。

36. 刻花兽纹筒

汉
高 9.2、口径 3.5、底径 3.5 厘米
阜阳城郊大队出土

圆筒形，平底，有盖。盖上阴刻兽纹，中间一环形钮。器身有五
层纹饰，用双弦纹相隔。上下两层各阴刻饰连续菱形和三角纹，
中间一周阴刻龙、虎、鹿等兽行于山间。底部光素。

37. 鎏金嵌宝石熊形器足

汉
高 5.5、宽 3.7 厘米
利辛合作社拣选

坐熊形，中空，通体鎏金。体上落嵌有各类宝石，熊棕錾刻精细，顶部开纳口。

57

38. 凤首鐎盉

汉
高 10.7、柄长 7.8、口径 5.5 厘米
涡阳石弓嵇山墓出土

直口，鼓腹，三蹄足，方空心，曲柄凤首流，
凤首上部用合页与流连接。能自由开合，
盖亦同。盖上有一弦纹，有桥钮残缺。

39. 斑鸠杖首

汉
身宽 6.03 厘米
阜阳展览馆移交

斑鸠圆头尖缘，细颈丰胸，体肥羽丰，
尾羽后展，全身线刻流畅，羽毛逼真，
神形生动，比例适中，体有一圆形深孔，
插杖杆之用。

40. 铜铺首（1 对）

汉
高 19、宽 17、厚 4.5 厘米
临泉县文化馆移交

形体硕大，为大门铺首。仅雕动物的颜面，圆眼突出，眼下有利爪。两侧作卷曲的眉和耳。头顶如意云头。鼻为凸出的半环钩钩住衔环。背部有方柱钉。其和鼻钩都可嵌入大门，每面铺首均对称，留有六个穿孔，以便固定。

41. 辟邪

汉

长 24.5、宽 14.3 厘米

阜阳城郊刘家坟汉墓出土

色泽深绿，辟邪取四肢前踞后蹲状，整体似狮而生双翼，敛翼长啸似欲飞腾。浑身刻画精细，毫毛皆现。两后腿间生殖器刻铸逼真，惜被人有锤砸过，锈层和花纹大面积脱落。

61

42. 雕龙短交狭刃矛

南北朝
长 17.5、刃宽 1.72、交径 2.4 厘米
阜阳县合作社拣选

雕龙首眼向锋接于矛头，在一侧脊端上，龙上成箍，龙角成圆系，雕全身饰鳞，盘于交体上，交口处有两道弦纹，外接凹形交口。矛脊中凸狭，两侧血槽不显。

43. 鐎斗

南北朝
长 36、高 12.6、口径 23 厘米
阜南县合作社拣选

器身光素，圆口浅腹，三兽蹄形足，长柄，柄首为鸭头形，中空。口沿下刻有十三字隶书铭文："寿春波置三足容什二升重十斤"。

1. 四山纹镜

战国
直径 13.8、缘厚 0.35 厘米
涡阳蒙关店出土

圆形，三弦钮，凹面方框钮座，钮座四角引出条带纹，上缀双叶。四"山"字左旋，字体粗短，底边与方框边线平行。地纹置繁缛细密的羽状，树叶状图案。窄素折缘。

2. 昭明镜

汉

直径 11、缘厚 0.45 厘米

阜阳合作社拣选

圆形，圆钮，十二连珠钮座，座外依次置凸弦纹和八个内向连弧纹，短斜浅纹，铭文："内清质以昭明，光辉象夫日月，心忽扬而愿忠，然雍塞。"素宽平厚缘。短斜浅纹圈带。

3. 星云纹镜

西汉
直径 11.3、缘厚 0.5 厘米
阜阳地区财政局移交

圆形连峰式钮，圆形钮座，座外饰十六连弧纹。外区四方置四枚大乳丁，期间饰五枚小
乳丁并用弧线相连，组成星云纹。外圈饰绳索纹。边缘饰内向十六连弧一周。

67

4. "新兴辟雍"铭八乳博局禽兽纹镜

新莽
直径 18.7 厘米
阜阳王店九里前郭庄新莽墓出土

圆形，圆钮有穿，圆钮座，座外置一周乳钉纹，圈带和方线双框，双框四内角置"长宜子孙"四字。主纹区八乳四分区组图，图案由博局纹和四组禽兽纹构成：青龙对羽人擎灵芝，白虎对独角兽，朱雀对瑞兽，玄武对瑞兽。主纹区外置一周铭文圈带，铭文："新兴辟雍建明堂，然于举土列侯王，将军令尹民户行，诸生万舍在四方，子孙复具治中央"。铭文圈带外依次置短斜线纹，三角形锯齿纹，云气纹圈带，宽厚缘。

5. "汉有名镜"铭四神博局纹镜

东汉
直径 12.7 厘米
界首文化馆移交

圆形，圆钮有穿，圆座，座外双线方框，四乳钉将主纹饰分作四区，依次饰青龙，白虎，朱雀，玄武以"T"形博局纹相隔。主纹外饰一周铭文圈带，铭文为："汉有名镜出丹阳，杂镜（铜）锡清而明"。铭文圈带外依次置短斜线纹，三角形锯齿纹，变形几何纹圈带，缘宽厚。

6. "汉有善铜"铭四乳博局纹镜

东汉
直径 11.5、缘厚 0.47 厘米
阜阳展览馆移交

镜作圆形，圆钮及钮座，座外双浅方框，主纹区四乳四分区置图，四乳间依次饰青龙，
白虎，朱雀，瑞兽。主纹区外置铭文圈带,铭文"汉有善铜出丹阳，取之为镜清如明"。
铭文圈带外置一周短斜浅纹，镜缘饰纹带。

71

7. "泰言之纪" 铭四神博局纹镜

东汉
直径 12.3、缘厚 0.5 厘米
阜阳地区外贸公司移交

圆钮有穿，圆形钮座，座外有凹形方框，方框内四角篆书"长宜子孙"四字。方框四边
各伸出"T"形与"L"形相对，方框外四角与"V"形相对，将镜的内区分为四方八等
份。主纹区八乳，每方饰四神，间以鸟兽，花卉。外区置铭文曰："泰言之纪从镜始，
长葆二亲利孙子，辟去不祥宜古市，□□□□乐了。"铭文圈带外依次置短斜浅纹，三
角锯齿纹，双浅波折纹圈带，宽平厚缘。

8. "蔡氏"铭龙虎纹镜

东汉
直径 12、缘厚 0.75 厘米
颍上西郊出土

圆形，半球形圆钮，有穿，圆形钮座。钮座外围饰相对龙虎纹，龙虎躯体相互缠绕，部
分叠压在球状钮下。主纹区外置一周铭文"蔡氏乍（作）镜佳且好，明而日月世少保，
上有辟耶（邪）白虎主圣道，长保子孙不知老。"。铭文区外依次置短斜浅纹，三角锯
齿纹，双浅波折纹，三角锯齿纹圈带，宽厚素像。像边有凸起的枝。立厚缘。

9. 四乳博局禽兽纹镜

东汉
直径 16.2 厘米
阜阳城南赵王庄出土

圆形，圆钮有穿，圆形钮座，座外双线方框，内置八枚乳钉间以花纹。方框四角置四乳钉，
乳钉外饰柿蒂纹座。两乳丁间为一方各置"T"形。博局纹饰以禽兽图案为：青龙配羽人，
白虎配瑞兽，朱雀配仙人，鹿配长尾兽。主纹区外依次为短斜线纹，弦纹圈带，外缘饰六组
纹饰，有羽人、青龙、白虎、凤鸟、鹿等图案。

10. "蔡氏"铭四乳神人车马画像镜

东汉
直径 17、缘厚 0.9 厘米
茨淮新河界首工段移交

半球形圆钮,连珠纹钮座,钮有穿。钮座向外饰相对的四枚柿蒂纹座笠状乳丁,四乳分区置图:一组为东王公与两侍者,一组为西王母与两侍者,另两组为车马出行图。主纹区外置一周隶体铭文"蔡氏作镜四夷服,多贺君家人民息,胡虏殄灭天下复,风雨时节五谷熟,大吉"。铭文圈带外依次为短线纹、三角锯齿纹、变体卷云纹圈带,立厚缘。

11. 葵花边双鸾衔绶纹镜

唐
直径17厘米
阜阳展览馆移交

八出葵花边形，圆钮有穿。主纹区与镜缘区以一周凸弦纹隔离。主纹区夹钮对称置两组纹饰：
一组双鸾衔绶踏莲枝对舞，一组置两衔绶带、葡萄枝飞雀。镜缘装饰压置花枝、蜜蜂、飞蝶等。

12. 王子乔吹笙引凤镜

唐
直径 12.9、缘厚 0.5 厘米
凤台合作社拣选

八出葵花边形，圆钮，主纹区置王子乔吹笙，飞舞凤鸟，修竹，山石，素窄缘。

13. 双兽双鸟衔绶纹菱花镜

唐

直径 20.5、缘厚 0.7 厘米

涡阳高炉出土

八瓣花形，圆钮有穿，钮左右各饰以奔兽昂首同向飞驰，钮下饰向相静立的双鸟衔绶带，钮上饰相飞舞的双鸟衔花枝。八瓣菱花形缘内侧饰花草蜂蝶。

14. 真子飞霜镜

唐

直径 16.2、缘厚 0.5 厘米

阜阳县口孜集黄大庄出土

葵花形，龟形钮。龟钮下方为荷叶植于荷池上，钮左边一人背依修竹端坐，置琴于膝，前有几案，案置香炉、书册。

右边有两棵树，树下有凤鸟随琴声起舞，钮上方有层云缭绕的山岳，一轮明月从山中升起，云下一仙鹤在展翅高飞。

15. 飞雁芙蓉镜

宋

直径 13.48、缘厚 0.45 厘米

蚌埠土产站拣选

圆形，圆钮，主纹区置荷莲，水草组图，荷莲间有四

只大雁穿飞，宽厚素缘。

16. "隆庆四年"铭素面镜

明

直径 7.8、缘厚 0.8 厘米

阜阳合作社拣选

镜作圆形、圆钮、高厚平素缘，钮与缘间饰"隆庆四年"四字。

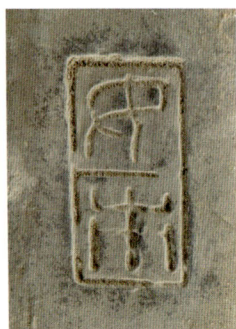

1. "女市"陶罐

西汉
高 27.5 厘米
阜阳城镇人防工程出土

灰陶，敞口，方折唇，直颈，圆肩，球腹，圆底，肩腹之间贴塑两牛鼻系，颈部戳印"女市"阳文铭，上腹拍印布纹，下腹及底为网格纹。

2. "上陈"陶罐

汉
高 23.5、口径 12.5、腹径 21.1 厘米
阜阳地区医院出土

灰陶直口，尖唇，短束颈，斜折肩，圆腹
向下弧内收，圆底，下腹及底部饰四绳
纹，肩部刻划"上陈"铭文。

3. "汝阴宫当"瓦当

西汉

口径 16.5、沿宽 1.1 厘米

阜阳市小校场工地出土

陶质，圆形，边廓宽，中心有圆柱，柱周饰一圈乳钉纹，圈外以复线作界格四分当面，每格一字，为阳文篆书"汝阴宫当"四字。

4. 灰陶彩绘蹲跪小人俑（3件）

东汉
①高 12.7 厘米
②高 11.7 厘米
③高 10.2 厘米
涡阳西阳集一号墓出土

①

②

③

灰陶胎，体表饰彩绘。①左臂前伸垫与左膝上，头前伸，掌心向上，呈捧送物状。②上体直立，两臂分开，缺下身，着帽，头微前伸，双目微下视。③左右臂曲向前，两手前伸捧一物，两腿蹲跪。后两俑神态卑微。

阜阳地区水电局移交

5. 灰陶女俑

西汉
高 40.3 厘米
阜阳地区水电局移交

女俑立姿，头发前圆顶部中分，梳至脑后，垂圆形发髻，面圆目凝，鼻扁口闭，神情安逸，身着右衽拽地长衣，两臂下弯，两手袖于长袖褐皱中，肘部袖肥下垂，衣裙下摆呈燕尾状，前露两腹。侧视女俑身材苗条，略有"S"曲形，女俑为前后合范而粘烧成。

6. 陶制刻花熏炉

西汉
高 21.7、长 17.8、宽 17.8厘米
阜阳女郎台遗址出土

整器由盖、器身两部分构成。盖四面坡覆斗状，每个坡面均镂刻"米"字形图案，顶有方形镂孔；器身顶部四边形，与盖以子母口扣合，四壁向下直内收，外壁均刻"X"形图案，足四面坡状。

7. 灰陶炉鍑

东汉
通高 21.9 厘米；
釜口径 11.5、腹径 18.5、底径 8.2、高 11.2 厘米；
底座口径 21.8、底径 20、高 13 厘米
涡阳西阳一号汉墓出土

炉鍑由釜与底座套合而成。釜方唇敛口，折腹，平底，腹部折
棱下方残破一孔。底座上部敛口，弧腹，口沿置三内收支座，
腹下部对称置两鋬手。下部喇叭状，中部设有半圆形进风口。

8. 褐釉红陶厨房

东汉
通高 24.2 厘米；
房顶长 30、宽 20、高 6 厘米；
仓体长 24.8、宽 13.5、高 18 厘米
阜阳七里铺大古堆东汉墓出土

红陶质，局部施褐釉，厨房内左设一水井，右设灶一眼，灶面设圆形火眼两

个，上有甑釜。厨房正面与左侧面各留一门洞。墙面设连环形镂孔窗。

9. 绿釉陶猪圈厕所

汉

通高 35.5、长 29.5、宽 24 厘米；
陶猪长 9、宽 3、高 6 厘米
涡阳焦窑一号墓出土

整器由上部陶厕和下部长方形猪圈两部分构成。陶厕由并列一主室、左右两侧室构成。主室高大，三室有隔墙互不相通，每室前置长方形门，后置圆形通气孔。主室为四阿式庑殿顶，顶部起脊高大，有瓦垄，室外前墙壁饰长排方框形图案，室内底部前置横板，后与猪圈相通。室后壁并列设置两圆气孔。两侧室顶部均为庑殿式檐，前壁门上部饰两侧饰长方形印花框，底部有孔与陶厕相通，下部猪圈左右两侧置方形槽，中部设置厕通道，有台阶通往上层厕前平面。猪圈左右两槽后部互相连通，右槽圈内置一只陶猪。整器外壁施缘釉，内壁不饰釉。

10. 刻划纹原始瓷罂（2件）

汉
①高 19.7、口径 10、足径 13.6 厘米；
②高 19.6、口径 8.5 厘米
涡阳石弓嵇山出土

两件器型基本相同。平口短直口，斜肩，斜腹，微鼓。①为平底附三扁平足，②为平底足，肩部附对称铺首双耳。耳面翘起并高出器口，铺首为捏塑加模印的龙首耳。肩部与铺首外侧挂绿彩铅釉，饰三组弦纹。胎褐灰色，其间加二组水波纹。质地坚硬基本烧结，叩之有清脆的金属声。

①

②

11. 灰陶动物俑

东汉
陶鹅：高 19.6、长 24.5、宽 8.5 厘米
陶鸭（2 件）：高 15.5、长 23.5、宽 7.1 厘米
陶鸡（3 件）：高 16.8、长 15.56、宽 7.6 厘米
陶狗：长 32.5 厘米
1966 年涡阳西阳一号汉墓出土

陶动物俑均为灰陶质，共有陶鹅1件、陶鸭2
件、陶鸡3件、陶狗1件。

陶鹅作昂首站立状，嘴扁宽而长，圆眼，长曲
颈，躯体长而肥硕，两翼伏于躯干部，短尾，
两足粗短。

陶鸭作昂首站立状，长扁嘴，圆眼，曲颈，身
躯干肥硕，两翼鼓突，短尾，两足短粗。

陶鸡中空，作昂首站立状，长曲颈尖喙，突
冠，曲颈粗硕，胸肥大，躯干丰满，两翼伏于
体侧，长尾略上翘，两肢粗短，足趾分岔。

陶狗作伸颈前行寻物姿态。胸前与腹部系有束
带，肩部有环，可以系绳供牵引，似为打猎用
的猎犬。

12. 灰陶仓房

汉

通高 46 厘米;

顶盖长 66.5、宽 24.7、高 9.3 厘米;

仓房长 61、宽 19、高 37 厘米

涡阳西阳一号汉墓出土

由四阿庑殿顶盖和长方体仓身组成。顶盖瓦垄规整,正面前坡上平行对开两通气窗,窗盖

由三根支柱撑起。仓身薄壁中空,由四隔山将室内分成五个独立空间,每间前壁上方,

各一长方形通气窗,下方五个通气窗没有门。

13. 彩绘高台望楼

东汉
通高 112 厘米；
座长 58、宽 44 厘米；
楼长 43、宽 32 厘米
涡阳西阳一号墓出土

整器由上部楼体与下部底座组合而成，底座方形，中空不施釉，座上部四周设一圈有长方形镂孔的围栏，正中部设置一台阶状斜梯可达顶部平台。楼体分三层：第一层上部四阿式瓦檐，四条垂脊上饰一叶饰，墙体四角有檐柱支撑斗拱，第一层正面不设墙，中间立一根中柱支撑斗拱，中柱两侧置长方形镂空栏板，栏板间留一门可进入室内，室内顶部中央置方形孔向上通二楼，方形孔下置嵌合成"人"字形的两台阶状斜梯通达。第二层顶部四阿式瓦檐，四垂脊上置一叶饰，左右侧墙体中部设有一望窗，正面、后面墙体中部多向外伸一菱形镂孔窗，窗下部设斗拱支撑，上有一人形支架牵拉窗体。窗、人形牵柱及下部斗拱均施红色彩绘，人物躯体弓曲，向远方眺望，生动传神。墙体四转角设四檐柱支撑瓦檐。第三层楼体四阿式庑殿瓦顶，四垂脊上饰一叶饰，墙体四面设窗，四角檐柱结构与第二层相同。

14. 绿釉陶戏楼

东汉
通高 108、宽 39.5 厘米
1975 年发掘涡阳县大王店
汉砖室墓出土
现藏中国国家博物馆

戏楼红陶质，绿釉。整器自下而上分四层，每层均可拆分。

第一层三面墙封护，正面开门，门上部设一面坡顶檐。檐上左右两侧各置一鸟，檐下设一斗二升两根立柱，柱首有蹲熊装饰。柱前方设卧棂栏杆，栏杆左右各置蹲熊装饰。室内设菱形镂空窗与楼梯，沿楼梯而上可达二层。

第二层四面坡屋檐，每檐角上各饰一鸟。檐下三面墙围护，左右两侧墙各设有菱形镂空方窗，正面敞开不设墙。室内中间设舞台，台前方置卧棂栏杆，栏杆外侧中心饰一坐熊，台前左右各设坐熊立柱一根，立柱上承一斗二升拱。舞台中间设墙，将其分隔成前后台。墙左右侧分别设有上下场的门，左边上场门可以灵活开闭，门正面饰铺首衔环，右边的下场门只有一门洞通达后台。后台的内室右侧，设一楼梯可上达三层。前台设两排伎俑，前面一俑作倒立表演状，后排四个乐俑，自左到右均着窄袖长衣，左侧两俑双手合抚作持乐器吹奏状，左侧第三俑持箫吹奏，第四俑跽坐，作仰面抚琴弹奏状。

第三层四面坡顶檐，檐上四角各设一鸟，檐下四面墙围护，每面墙中上方各设一个菱形镂空大方窗，窗下各有一斗二升拱支撑。

第四层顶部为单檐庑殿顶结构，屋顶脊饰一硕大凤鸟，左右两侧设一小鸟。檐下墙四面开窗，室内置一组建鼓。

1. 青釉狮形插

西晋
通高 8.1、长 11、宽 5.7 厘米
颍上县东十八里铺镇出土
颍上县文物管理所收藏

青釉质，卧兽型。狮两耳上竖，作仰首张口露齿状。体态肥硕，体披羽翼，背部向上有一圆柱形孔。四足伏地。

2. 三彩钵

唐
高 12.5、口径 13.4 厘米
阜阳展览馆移交

圆口平唇内敛，鼓腹，腹下渐收至底，底近似圆形。口沿两个对称圆孔形系，系下有圆形坠饰，钵从口唇至外中腹部，纵向施褐、蓝、黄三色釉。胎处施白色化妆土。

3. 如意云纹刻花白釉枕

唐

高 11、长 19.2、宽 11.6 厘米

涡阳县蒙关镇刘砦村刘成三捐献

枕如意云头柱形体，枕面微坡微凹，边沿随形削宽带纹饰，突显立体云头。腹体侧面前后开光。前刻划游鱼、水泡、水草纹；后刻金莴花纹。通体施青灰釉。底平有麻布纹。枕中空，底中有小孔，无釉处露白胎。

4. 巩窑白釉圆盒

唐

高 6.1、直径 13.9、足径 10 厘米

1974 年阜阳城西郊灌渠砖墓出土

盒扁圆形，与器身以子母口扣合，上盖面微鼓，在向上鼓处压印三道凹线，下盒近底处折腰，饼底足，足与下腹旋刀修正。通体施白釉，开片细碎。

5. 白釉花口碗

唐

高 7.4、口径 24.7、底径 11.8 厘米

阜阳县城郊灌渠工地唐墓出土

大碗，敞口翻沿，弧壁，倾斜处由外壁向内按四等分用硬物竖向加压呈四条压痕，使内壁凸起四条出筋，圈足，底未施釉，胎质灰白，白釉泛黄，为巩窑出品。

6. 白釉黑花五足灯

宋

通高 3.7、外径 15、口径 7.1、底径 10.5 厘米

茨淮新河界首工段出土

敛口尖唇，灯为圆形扁平腹，腹有浅油池，可放灯捻。灯下附乌龟形，足外撇。灯盘上腹饰黑褐彩弦纹、花草纹。无彩处施化妆土。

7. 白釉黑褐花纹罐

宋
高 13.5、口径 16.7、底径 8.8 厘米
茨淮新河凤台工段出土

圆唇直口，折腹下收。圈足内隐，镟底削足，玉
璧底，通体外施白釉。绘黑褐彩叶子及花朵，颈
下部及腹中部有两道褐色弦纹，罐内施黑釉。

8. 黑釉双系罐

宋

高 19.5、口径 17、底径 10.5 厘米

茨淮新河凤台工段出土

直口圆唇，短颈，球形腹，矮圈足。罐外上半部施
黑色釉，罐内全施黑釉，罐外下半部施白色化妆
土，有刀修镟痕，玉璧底。双宽带系附颈搭肩，系
上饰线条纹。

9. 耀州窑印花青瓷碗

宋
高 7.9、口径 19.5、底径 5.2 厘米
阜阳城东关外出土

斗笠形，圆唇，大敞口，小圈足。通体
施豆青色瓷釉。有细碎冰裂纹。碗内模
印水波纹，两纵两横中有游鱼纹，碗外
素面。

10. "风花雪月" 四系瓶

宋
高 27.3、口径 5.1、底径 8.3、腹围 15.2 厘米
原阜阳地委大院地道内出土

瓶卷口圆唇，短颈溜肩，长圆腹向下弧状内收，短圈足，颈与肩部直四扁弯折形系。红褐胎，复色釉，器内壁施满釉，外壁上部施白釉，腹题"风花雪月"四字，褐色行书，铭文上下装饰两道弦纹边阑。下部施酱褐色釉。

11. 黑釉双系罐

金

114

高 16.7、口径 9.9、底径 6.8 厘米

阜阳赵王庄出土

罐圆唇，矮直颈，长腹下鼓，短圈足。沿下有片状双系，胎呈灰黄色，质地坚硬，器外上部施黑褐色釉，光洁，器内满施釉。

12. 磁州窑白釉黑彩花卉纹罐

金

高 27.5、口径 20、底径 15.8 厘米

1965 年临泉张楼张东海捐献

罐直口圆唇，丰肩，上腹圆鼓，下腹较瘦，平底内凹。褐灰胎厚重，胎面施白色化妆土，罩白釉。肩部有略许脱釉，颈下、肩上饰上二道，下三道的黑色弦纹，其间有一周连珠纹。腹下部饰三道黑色弦纹与上腹弦纹组成开光，开光的腹部绘黑彩折枝花卉。罐内原装有碟、盏、碗、杯等，同时出土。

13. 白釉褐彩虎形枕

金
长 31、宽 14.5、高 9.5 厘米
太和县文化馆移交

枕呈卧虎状，白釉褐彩，虎身为褐黄色
釉，釉上用黑彩描出斑纹。虎目圆睁，
张牙露齿，面目狰狞。枕面平整，略呈
椭圆形，施白釉，并用釉彩绘虎禽图，
以简笔勾勒草丛和飞雁，并在虎旁书一
"虎"字

14. 豆青釉印花盂

金
高 8.1、口径 5、足径 5.6 厘米
阜阳南菜园出土

盂圆唇，敛口，鼓腹，下腹内收，高圈足微撇。灰褐胎，青绿色釉，有小块开片。通体满釉莹润，足底无釉，器外印五组花卉草叶纹。

15. 锯齿口沿白釉瓷小碗

元
高 3.1、口径 9.8、底径 4 厘米
凤台县郊区灌渠出土

斗笠形，锯齿口沿，内腹中部有凹弦纹，通体内外施薄釉胎致密，削足镟底。

16. 白釉褐彩蒜形罐

元

高 23、口径 18、底径 9.7 厘米

阜阳展览馆移交

圆唇直口，缩颈，半球腹，细长足，圈底。通体施浅黄釉，腹部绘褐色红点变形花卉，草叶纹，腹中部及底足处饰弦纹。

17. 黑釉刻花四系瓶

元

高 23.2、口径 5.3、底径 7.7 厘米

阜阳县城郊东岗出土

口沿外撇，短颈，丰肩，圈足。颈两侧有系立于肩上。黑釉，施釉不及底。肩部有刻划双弦纹和水波纹饰。

18. "煊薄公"铭蓝釉碗（4 件）

明

高 5.5、口径 11.6、足径 5 厘米

安徽省文物商店供

碗口沿外撇，半球体，短圈足。外施祭蓝釉，内施豆青色釉。碗底用青花

写行草"煊薄公"三字，另錾有"棠"字。胎质为高岭土，修足镟底。

① ② ③

1. 郢爰金钣（3件）

战国楚
① 长6.1、宽3厘米
② 长6.9、宽1厘米
③ 长5.8、宽1.9厘米
1970年阜南县三塔公社胜华大队朱大湾出土

朱大湾出土的楚币共42块，重1451克，其中3块为完整金钣。均呈束腰翘角，凸背凹面龟壳形。印字錾于凹面，出土时三整块金钣的两块被社员凿开，售于银行。阜阳博物馆从银行购回，余均上调安徽省馆。

2. "殊布当釿"布币（1组）

战国楚
通长 10.7、肩宽 0.8、足宽 1.2 厘米
阜阳合作社仓库拣选

布钱平首、平肩，方足外撇，呈燕尾状。体狭长，腰稍内收，首部有较大穿孔。钱面模铸"殊布当釿"，背铸"十货"，字体长。战国晚期，为楚北境通行布币。古文字学家何琳仪先生释"殊布当釿"为橅币当十斤（釿）。

3. 陶冥币（2件）

西汉

边长 6.15 厘米

阜阳女郎台遗址出土

灰陶质，方形，器作薄片状，微鼓，上有多枚戳印纹。

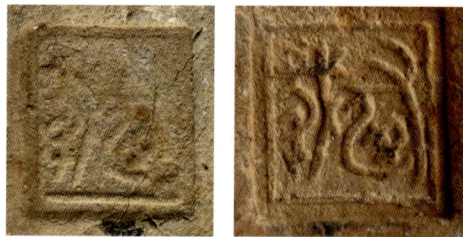

4. 大泉五十青铜钱母范

新莽

边长 7.1、钱径 2.5、边长 0.9 厘米

界首县兴武尹城子汉代古城址出土

色泽绿灰，扁平方形，四角抹角，整体
呈八角盘形，斜壁平沿。范中心设圆
柱形直浇道。范内铸钱范四枚，二正二
背，正上有阳文篆书"大泉五十"四字，
方形穿。钱范钱文清晰，铸工精细。

5. 五铢铜钱（1 组）

隋

直径 2.1 厘米

临泉县铜城镇古城遗址出土

出土时有 10 余斤隋五铢铜钱盛于铁
釜内，钱呈紫褐色，五字交叉，两
笔较直，钱较小较轻，为隋末铸造。

6. "聂秦家肥花银"银铤

宋

长 12.32、首宽 7.2、腰宽 4.9、厚 1.55 厘米

重 992 克

茨淮河利辛阚町工地出土

银铤弧首束腰扁平状,面微凹,有波纹,有一小处

凹槽,背布满蜂窝状气孔,正面上下两边四处竖行

戳印铭文"聂秦家肥花银"六字。

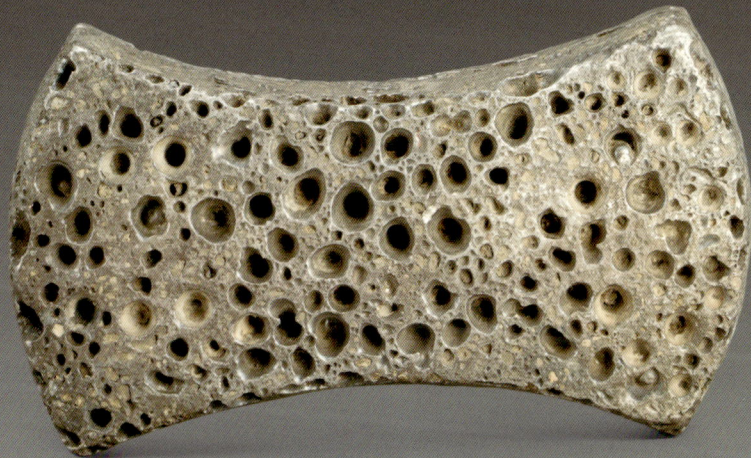

7. "聂匠" "小大郎□" 银铤

宋
长 12.44、首宽 7、腰宽 4.95、厚 1.72 厘米
重 1002 克
茨淮河利辛阚町工地出土

银铤弧首束腰扁平状，面微凹有波纹，上下有凹
槽，背布满蜂窝状气孔，正面上部两边各竖行戳印
铭文"聂匠"二字。下部两边各竖行戳印铭文"小
大郎□"四字。

8.　"聂二助聚匠"银铤

宋

长 16、腰宽 6.3 厘米

重 1980 克

茨淮河利辛阚町工地出土

弧首束腰扁平状，面微凹有波纹，背布满蜂窝状气孔，正面四角有戳印铭文"聂二助聚匠"。惜被敲砸，背腰正中被錾凿，深度过厚度一半，且被弯折。正面对应处有裂纹，左上角被直角切割。

9.　"东王三□""王九大下"银铤

宋

长 15.7、首宽 9.5、腰宽 6.3 厘米

重 1975 克

1978 年阜阳王店西清河六里庄出土

弧首，束腰扁平，面微凹，有波纹，背面布满蜂窝孔，正面砸印"东王三□""王九大下"戳记，腰部砸印"出门锐"。

10. 韩林儿龙凤通宝铜钱

元

直径 3.25、孔径 0.7、厚 0.3 厘米

购入

圆形方孔，缘部较厚，正面铸隶书
"龙凤通宝"，光背。元末韩林
儿、刘福通农民起义在亳州建立政
权所铸"龙凤通宝"铜钱，有小
平、折二、折三三型，楷书对读，
素背此枚为折三钱。

11. "咸丰二年五月临县"铸银元宝

清

长 10.9、腰宽 6.3、高 7.8 厘米

重 1880 克

涡阳县义门出土

元宝马蹄状，上大下小，略呈椭圆形，腰稍束，两头壁薄弧形上翘，
中部椭圆形体内凹，上高下低，底部一半布有气孔，一半有波纹，外
壁有层层波纹，正面右边竖行戳印阳文"咸丰二年五月"，左边戳印
阳文"临县""李积秀"。

12. "咸丰年月" "永年县" 银元宝

清

长 11.5、腰宽 6.8、高 8 厘米

重 1870 克

涡阳县义门出土

元宝马蹄状，上大下小，略呈椭圆形，腰稍束，两头壁
薄弧形上翘，中部椭圆形体内凹体厚，底部布满气孔，
外壁有层层横纹，正面上方横戳印阳文"永年县"，左
右两边竖行戳印阳文"咸丰年月"四字。

13. 皖西北苏维埃铜币（6枚）

直径 3.8、厚 0.2 厘米
阜阳市军分区移交

圆板形，正面中心冲压镰刀、斧子、地球纹饰。顺边沿逆时针冲压："全世界无产者联合起来阿！"背面中心为五角星，内有楷书"伍拾"，外有环状联珠纹。顺边沿逆时针为"皖西北苏俄埃造50GAS"。

14. 苏维埃壹圆银币

1932年
直径 3.9、厚 0.25 厘米
阜阳市军分区移交

鄂豫皖省苏维埃政府造银币，圆形，边轮冲压有一周细密锯齿纹。正面中部以细弦纹圆带将主纹区分作内外两区：内区铸有"壹圆"两字；外区左右两侧以五角星纹将图案分成上下部分，上部铸"鄂豫皖省苏维埃政府造"，下部铸"工农银行一九三二年"。背面中部以细弦纹圆带将主纹区分作两区：内区铸有党徽图案；外区铸"全世界无产者联合起来啊"。整器锈蚀严重，边轮微残。

1. "安石里典"铜印

战国秦
高 1.2、长 2.1、宽 1.9 厘米
蚌埠市供销合作社拣选

方形座，鼻钮，印面錾凿阴文"安石里典"篆书款。印文有田字界格。秦始皇统一全国后，为避嬴政名讳，乡吏的"里正"改称为"里典"，此为"安石里"的里典官印。

2. "单父左司马"铜印

战国魏
高 1.4、边长 1.4 厘米
蚌埠市供销合作社拣选

战国官印，铜质，方形印座，坛形鼻钮。印面阳刻篆书"单父左司马"五字。单父邑在今山东省单县南，左司马是掌管军队和军部设备和负责作战的官员。

3. "中州之玺"铜印

战国楚
高 1.6、边长 2.2 厘米
蚌埠市供销合作社拣选

坛形鼻钮，正方形印座，阴刻篆书"中州之玺"四字。为楚国某城邑中部之州的官玺。

4. "莫里贷玺"铜印

战国楚
高 1.1、边长 2.3 厘米
阜阳县插花公社出土

坛形鼻钮，印座方形。印面篆字白文"莫里贷玺"四字。为战国楚地管理民间借贷的官玺。

5. "专室之玺"铜印

战国楚
高 0.8、边长 1.9、座厚 0.2 厘米
阜南县阮城出土

色泽灰绿，圆形座，鼻钮。印面阴刻篆书"专室之玺"四字。

6. "新东易宫大夫玺"铜印

战国楚
高 1.6、边长 2.1 厘米
阜阳供销合作社废品仓库拣选

战国官印，坛形鼻钮，印面阴刻篆书"新东易宫大夫玺"七字。罗福颐先生将其释为"新东易宫大夫玺"，近来有学者将其释为"新东易宛大夫玺"。"易"即为"阳"字。

7. "左博玺"铜印

战国
高 1.1、印面边长 1.75 厘米
蚌埠土产站拣选

覆斗形座，桥钮，正方形印面，铸篆书"左博玺"三字阳文。有边栏，印文精巧工整，古朴浑厚。覆斗形座上面饰有如意云纹。

8. "北地侯丞" 铜印

西汉
高 1.2、边长 1.9 厘米
阜阳供销合作社废品仓库拣选

正方体，桥形钮，印面阴刻"北地侯丞"四字。西汉北地郡在今甘肃庆阳县西北马岭镇，侯丞为北地郡属官。

9. 辟邪钮铜套印

东汉
高 3.6、边长 2.3、厚 1.4 厘米
涡阳县西阳集一号砖室墓出土

方形，为三套印。大、中印均作辟邪钮，小印则作桥钮。大印刻"史司印信"四字，中印刻"史司"二字，皆阳文篆书。小印为阴文篆书"世高"。

10. "后将军军司马"铜印

东汉
高 2.4、边长 2.6 厘米
太和合作社拣选

方形座,瓦形钮。正方形印面凿刻"后将军军司马",此军司马为后将军属官。六字篆隶白文,因凿刻不深,部分崩刀,致使印文有些模糊。一角边缘受冲压变形,在钮穿下座体下凹。

11. "左将军假司马"铜印

东汉
高 2.3、长 2.55、宽 2.45 厘米
蒙城文化馆移交

方形座,瓦形钮。正方形印面凿刻篆隶"左将军假司马"六字白文,刀口深峻,但部分笔划及边缘有崩刀。《汉书·百官公卿表》:"前后左右将军,汉不常置,或有前后,或有左右,皆掌后。"此印为左将军的属官假(副)司马。

12. "城广卿"铜印

汉
高 1.9、长 2.5、宽 1.4 厘米
阜南合作社拣选

桥形钮，长方形印面阴文篆书"城广卿"。

13. "提控之印"铜印

金
高 4.4、边长 7.1 厘米
蚌埠土产站拣选

方形座，板钮委角，钮顶部錾"上"字，钮无穿。印面凿刻阳文"提控之印"，九叠篆书款，有外框。印座一侧面錾阴文"甲午年□"。

14. "汝阴县印"铜印

金

通高 4.5、柄高 3、边长 6、厚 1.4 厘米

凤台县粮食局楼基处出土

方形，长柄，其端阴刻"上"字，印面阴刻篆
书"汝阴县印"四字。印左侧阴刻"汝阴县
印"，右侧阴刻"壬辰年三月日造"。

15. 正大三年"临涣县税务记"铜印

金
高 3.95、边长 4.45 厘米
蒙城合作社拣选

方形座，板钮委角，钮顶部錾"上"字，钮无
穿。印面凿刻阳文"临涣县税务记"，九叠篆
书款，有宽栏。印座侧面錾阴文"临涣县税务
记"。印背顺板钮向两侧錾阴文"正大三年六月
行宫□部造"。

16. 张大赓金印

清
边长 1.6 厘米
阜阳市文物管理所移交

金质，龟钮。龟立于四方印上，伸首，
后有短尾，龟背纹饰刻划写实细致。印
面为阴文篆书"张大赓印"。

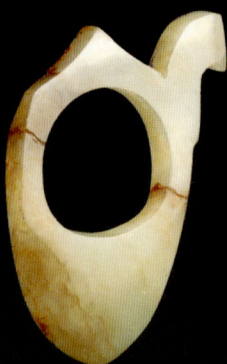

1. 鞢形玉佩

战国
长 4.5、宽 2.7 厘米
阜阳宁老庄尚庄楚墓出土

青白玉，有黄褐色沁。体扁平，心形，中有一圆孔，上端琢成尖锥状，一侧有一钩状附饰，通体光素无纹。

①

2. 舞人玉佩（2件）

西汉
①高 4.4、头宽 1.9 厘米
②高 3.8、头宽 1.8 厘米
临泉县西郊古城遗址内曾庄出土

白玉质，局部有白斑。两件均扁平，呈片状，一大一小，造型相同。器呈舞女形象，作翘袖折腰舞状。舞女穿右衽交领长裙，腰束扁带，裙裾曳地，其身体向左倾，腰肢纤细，臀向右翘，头微向右侧，舒长袖而舞，右手举臂扬袖过顶，空隙处形成冠饰。左手甩袖于腿前，翩翩起舞，婀娜多姿。五官和衣纹以单阴线勾饰，局部透雕，上下端各有一小孔。

②

3. 琉璃蝉

西汉

长 6.4、宽 3 厘米

阜阳城郊岳新储訾出土

琉璃质，色泽灰白，躯体扁平，中厚边薄，圆雕蝉首，双目外凸，尾翅呈三角形，寥寥数条斜线勾出蝉腹、背及双翼等纹饰特征，俗称"汉八刀"。

4. 玉蝉

西汉

长 5.4、宽 2.6、厚 0.5 厘米

颍上县王岗郑小庄出土

青玉质，有灰白色沁斑。体扁平，背部、腹部雕刻阴线纹。蝉头部略成弧线，双目突出，嘴角分明。以简约阴线雕刻出双翼、腹部，下腹部刻多道横线纹，表现出蝉有伸缩功能的腹节。尾端坚挺见锋。

5. 鎏金铜座玉杯

西汉

通高 8.1 厘米；

玉杯高 3.9、口径 4.9、底径 4.2、厚 0.2 厘米；

铜座高 4.6、底径 5 厘米

1975 年涡阳县石弓山嵇山崖墓出土

杯壁直口圆筒形，白玉经旋切挖空琢磨而成，嵌镶于鎏金的铜座上，座上有浅槽纳玉杯底壁于其中，滴水不漏。铜座足部束腰，圈足呈喇叭形，内壁鎏金，外壁及底内描金，腹部绘两只张牙舞爪、长有翅膀的龙纹，足部绘变形云纹，底部绘柿蒂花纹。鎏金由深黄色和浅黄色相搭配，更衬托羊脂白玉杯的华贵。

6. 玉耳塞、鼻塞

东汉

①耳塞长 1.9、径 1 厘米；

②鼻塞长 7、径 1.2 厘米；

阜阳县城南王店镇九里沟汉墓出土

耳塞扁八棱柱体，青色，表面光润，较短。鼻塞近正八棱柱体，一端略细，玉质晶莹光润，表面乌鸡骨白色。

7. 浮雕玉剑璏

西汉

长 5.5、宽 2.2、厚 1.2 厘米

阜阳城郊斜庄出土

白玉，沁呈黄色。正面略呈长方形，一头向下弧形弯曲，一头斜平，上浮雕一虎，虎颈向后，长尾卷，四肢蜷伏。侧面有一长方形穿。

8. 谷纹玉璧

汉
外径 8.7、好径 2.4、厚 0.35 厘米
阜阳潘寨出土

扁平状圆形。中部有圆孔，在璧的内外缘阴刻弦纹一周，璧内满饰排列整齐的谷纹。两面纹饰相同，该璧为和田青玉琢雕而成，局部受沁有黄褐斑。

①

9. 玉珌、玉璜

汉
①玉珌：高 2.7、上宽 6、下宽 6.7、上厚 1.4、下厚 1.5 厘米
②玉璜：外径 18、内径 11.4、宽 3.4、厚 0.4 厘米
女郎台墓出土

玉珌白玉质，有黄褐色沁。整器从上部俯视为长方形，两端弧状外卷，其上雕卷云纹、简约兽面纹，中间及边栏有三道凸弦纹将卷云纹分作两区。侧视上部为拱形，下部有一近似长方形的孔，孔的上方呈弧形。平底。

玉璜青玉质，扁平体，璜形，两面饰纹，中间略细，两端稍宽，器雕谷纹。中腰上部钻一圆孔，可供系佩。

②

10. 镂空龙纹"亚"字形青玉带板

元

长 6.2、宽 6 厘米

安徽省文物商店调拨

青白玉，玉中含墨点。略呈方形，四边打磨光滑，细部处理干净简洁，雕琢技法为镂空深雕。底为平板状方形窝角，背部四角各有一对穿孔，可以缝接在束带上。正面主题图案为花间缠绕龙纹，形成"花下压花"多层透雕。花叶与花朵运用镂空高浮雕技艺，打磨成凸凹不平，另加阴刻线，突出花间的枝繁叶茂和玲珑剔透，减地突起显示出花叶的立体感。龙纹翘角昂首，张牙舞爪，前爪突出特征是元代典型的三爪，龙首与龙身用重刀深刻，龙身蜿蜒扭曲于花丛之间，身上满饰由阴刻线交错组成的菱形网纹。

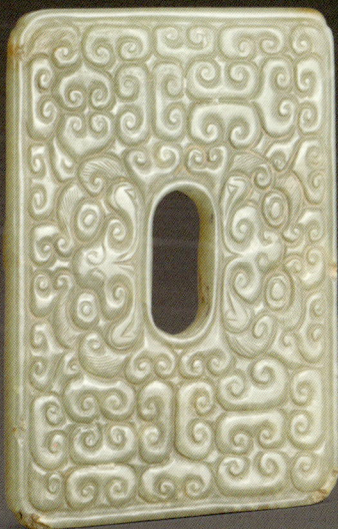

11. 双螭纹长方形玉牌

元

长 6.9、宽 5.2 厘米

阜阳外贸公司收购

青玉，有黄褐色沁。长方形，窝角，中有椭圆形孔。一面浮雕两螭虎，首尾相连。一面浅浮雕勾连云纹和对称两兽面纹。

12. 玉匜

明

长 9 厘米

外贸公司收购

玉质暗灰色，不透明。器口略呈椭圆形，
一端有流口，另一端腹部雕琢有扳手。弧
腹内收，平底，底边缘有一圈凸弦纹。

13. 白玉钩

清
长 8.5、宽 1.6、高 1.3 厘米
阜南县文化馆移交

白玉质，长条形。体扁宽，钩首作兽
首回望状，背光素，厚背弯曲处带有
一圆形钩钮。

14. 青玉钩

清
长 9.3、宽 3.6、高 2.3 厘米
太和县文化馆移交

青玉质，长条形。钩首作龙首回望
状，龙双角后扬，粗眉翻卷，双目微
突，嘴镂空状。钩身微曲，腹部浮雕
一引颈爬行的螭龙，与钩首的回首龙
首相对。螭龙细长，五官清晰，长尾
分叉外卷。钩背琢有椭圆形矮钮。

15. 青玉龙钩

清
长 14.1、宽 3.2、高 2.6 厘米
阜阳博物馆征集

青玉质，长条形，体表有沁。钩首为龙首形，龙双角后扬，粗眉翻卷，双目微突，龙嘴镂空状。钩身长而微曲，腹部浮雕一引颈爬行的螭龙，与钩首的回首龙首相对。螭龙细长，五官清晰，长胡须，背刻双阴线，长尾分叉外卷，四肢弓曲伏地。钩背琢有椭圆形矮钮。

16. 白玉龙钩

清
长 12.6、宽 2.6、高 2.9 厘米
阜阳博物馆征集

青白玉质，长条形。钩首为龙首回望状，龙头宽扁，阔嘴微张，眉眼突起，双耳后抿。钩身弧曲，腹部浮雕一引颈爬伏的螭龙，背部有矮圆钩钮。

17. 龙翠钩

清
长 10 厘米
阜阳博物馆征集

青白玉质，局部有翠色。钩首作回望龙首状，圆眼微突，嘴扁宽，钩身扁宽长条形，腹部镂雕一引颈爬行的螭龙。背部雕一扁圆状矮钩钮。钩身多处残裂，有沁色。

18. 凤翠钩

清
长 8 厘米
阜阳博物馆征集

翡翠质，器表残裂处沁色。整器作回首凤鸟形，钩首短，阴线刻眼，浮雕凤冠。钩身腹部以浅浮雕，阴线刻出羽翼，短尾略下垂。背部雕扁圆形矮钩钮。

①

1. 陀罗尼写经、印经

唐
①写经残长 26.2、残宽 12.7 厘米
②印经残长 26.1、残宽 11.9 厘米
阜阳西灌渠出土，装于银镯内

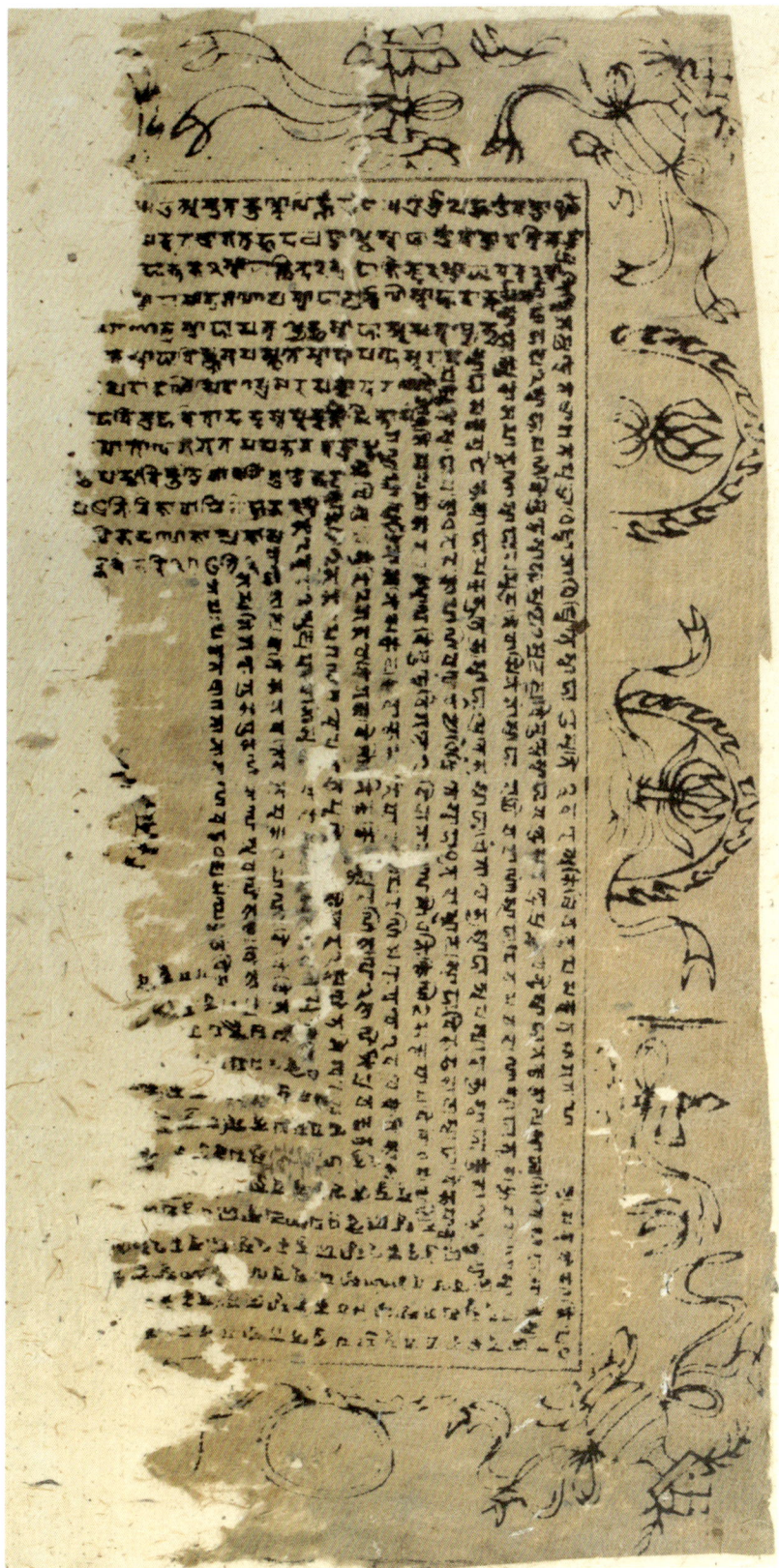

②

由写经和印经两件组成，写经呈圆形，文字由外层绕圆心向内旋读，笔画粗细不均，中央饰一残佛像图案。印经外沿白边阑刻印净水瓶、绶带、莲花、火焰等图案，中部刻印度悉昙体梵文。陀罗尼文字由边阑处旋向中央处排列，中心部位饰一圆形图案（残）。

⑫　⑩　⑨　⑧　⑦

2. 送李愿归盘谷序（1组）

梁巘（1710~约1788年）
纸本，共12幅，现存10幅
每幅长172、宽42.3厘米
安徽省博物馆调拨

梁巘，字闻山、文山，号松斋，又号断砚斋主人，亳县（今安徽亳州）人。他与乾隆年间五位重要书家（张照、王澍、刘墉、王文治、梁同书）齐名，为清代著名书法家之一。

此件为行楷书韩愈《送李愿归盘谷序》。共十二幅，今缺第六幅和第十一幅。此作用笔苍劲，虚实相生，字间时有牵丝，渴笔显露，矫健凝重，深得季邕神韵。文末落款："书为云樵大哥大人属书，小弟笔录。"押角钤白文"梁巘私印"、"景华书屋"，朱文"松斋记"。

太行之陽有盤谷盤谷之間泉甘
而土肥草木藂茂居民鮮少或曰
謂其環兩山之間故曰盤或曰是谷也

宅幽而勢阻隱者之所盤旋友人李
愿居之愿之言曰人之稱大丈夫者我
知之矣利澤施於人名聲昭於時坐

於廟朝進退百官而佐天子出令其
在外則樹旗旄羅弓矢武夫前呵從
者塞途供給之人各執其物夾道而疾

馳喜有賞怒有刑才畯滿前道古今而
譽盛德入耳而不煩曲眉豐頰清聲
而便體秀外而惠中飄輕裾翳長袖

粉白黛綠者列屋而閒居妒寵而負恃
爭妍而取憐大丈夫之遇知於天子用
力於當世者之所為也吾非惡此而逃之

⑤　　　　④　　　　③　　　　②　　　　①

3. 白猿图

张善孖 (1882~1940 年)
纸本设色 轴
纵 52.2、横 12.3 厘米
阜阳博物馆征集

纸本设色,半工半写,描绘山间一只白
猴,攀藤游戏,身旁松枝茂密,下有溪流,
在左侧边落款"丙子春三月写黄山仙
猿,蜀人张善孖",款下钤白文"张善
孖印"、"虎痴"记。

4. "为善最乐"隶书横幅

冯玉祥（1882~1948 年）

纵 38、横 146 厘米

阜阳博物馆征集

纸本，隶书"为善最乐"。此作形体扁方，结构独特，点画朴茂，毫无雕琢。款署"绍匡光生"，落款"冯玉祥 二八·九·二二"。钤首"处国点心""丘八"，后钤白文印"冯玉祥"、朱文"琼璋"记。

5. 深山访友图

黄宾虹（1865~1955 年）
纵 109、横 34.2 厘米
纸本设色　轴
安徽省博物馆调拨

黄宾虹，名质，字朴存，号宾虹，祖籍安徽歙县，生于浙江金华。近代中国画大师，擅长山水，运用积墨法，形成具有鲜明个性的山水画风。

图绘大山浑厚，草本纷华，村落连绵。近景中房屋靠山临溪岸，屋前一小径，蜿蜒引入屋舍，有一老者策杖访友。中景有隐林后处山坳，置楼阁二处，若隐若现。山峰云雾升腾，山中一瀑布豁开。飞流直下三千尺。远景的高山巍峨，重峦叠嶂。画中山水层层积染，水墨淋漓，巨石奇松，铁划银勾，尤其茅庐、楼阁，用线外显绵柔、内质张挺，山体走向变化于整体之中。草木风华，蕴藉于笔墨之外。加以红叶翠松，浑厚华滋，朴茂天成。左上行书款："白社负幽期，青山寄空宅，偶携林中友，重卧岩下石，云归忽闭关，月出更留客，不着尘梦还，潺湲响终夕。宾虹"。白文印"黄质之印"。

6. 仕女图

张大千（1899~1983 年）
纵 116、横 41.8 厘米
纸本设色　轴
阜阳博物馆征集

张大千，四川内江人，名权，后改作爱，号大千，小名季爱。张大千是20世纪中国画坛最具传奇色彩的国画大师，无论是绘画、书法、篆刻、诗词，无所不通。早期专心研究古人书画，特别在山水画方面卓有成就。晚年旅居海外，画风工写结合，重彩水墨融为一体，尤其是泼墨与泼彩，开创了新的艺术风格。

此图中的美女端庄健康，充满青春活力，不乏当代女性的气息与风采。其眼神、指法、举手投足、身段姿态无一不美。线条取北齐壁画圆劲爽健的用笔，中锋运笔稳健而潇洒，设色华彩富丽，并取用纯色搭配，无论轻彩或重色，沉着明丽却不失和谐，纹饰典雅俏丽，应为张大千仕女画中的上乘之作。

1. 菩萨铜坐像

明
高 19 厘米
涡阳义门文化馆移交

菩萨梳高髻，头戴五叶佛冠，前有化佛。面相沉静，胸腹佩饰璎珞，肩搭帔帛，花形耳珰，合身衣纹流畅，装饰自然。菩萨为游戏坐姿，右手置右膝上，左手置身旁腰枕上，神态悠然，海水礁石腰式台座，应是观音菩萨讲经说法的道场普陀洛迦山在造像中的反映。造像中空不封底。

2. 鎏金如来铜像

明

通高 45.5、宽 22.8、底座长 20、
底座宽 12.3 厘米

阜阳博物馆征集

如来高肉髻，结跏趺坐于莲花台，身披袈裟，左胸袒露，手作法印，下着长裙。底座二层
中空，最底层刻出蕉叶纹落地，二层由四力士支撑莲花须弥台，后有背光双层火焰纹外
延，隔宽带纹，内有云龙飞天等深浮雕纹饰。

11·1774

3. 鎏金文殊铜像

明

通高 44.5、背光宽 21.2 厘米；

底座长 18、宽 9.6、高 12.1 厘米

阜阳博物馆征集

文殊端坐在狮身上，头带宝冠，身披缨络，飘带缠身，手作说法印。须弥方座二层中空，第一层二力士支撑，底层四足外撇，中为壸门。背光饰双层火焰纹外框，隔带纹内有卷草、花卉、三佛四弟子像浮雕纹饰。

4. 鎏金普贤铜像

明

通高 45、背光宽 22.2 厘米；
底座长 17.6、宽 10、高 11.7 厘米
阜阳博物馆征集

普贤圆脸，双目微闭，正面端坐在象背上，头戴宝冠，身披缨络，飘带缠身，手作说法印。下部须弥方座二层中空，第一层二力士支撑，底层四足外撇，中为壶门。背光饰双层火焰纹外框，隔带纹内有卷草、花卉，浮雕有佛弟子像。

5. 嘉庆款佛铜坐像

明

高 27.5 座长 20、座宽 13.9 厘米

阜阳市文物管理所移交

此佛像通体鎏金，跏趺坐于莲花须弥座上，身披袈裟，衣纹线条清晰流畅，表情端庄凝重，一手托一束状物，一手拳握中空（握物疑丢）。头型浑圆，面相丰圆饱满，宽额大身，体内中空未封底。莲花座背面刻有铭文："大明嘉靖二十三年二月初一日造，母亲张氏、信男王琪同弟王璋。"

6. 嘉靖真武铜像

明

高 27、座长 17、座宽 8.9 厘米

太和县文化馆移交

真武为坐像，披发留须，眯双眼，着铠甲，肩搭披帛。端坐于圈椅上，圈椅下有扁方座，背后錾铭"直隶太和县南原嘉靖二十四年，三人于鸾妻赵氏造"。造像中空不封底。

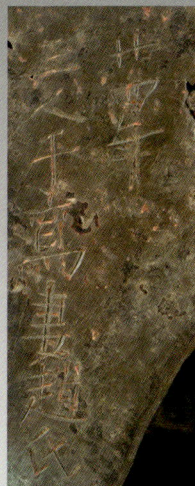

7. 关公铜坐像

清
高 28.4 厘米
太和县文化馆移交

关公头戴扎发软帽，帽前额有圆形带瓣花饰。帽中向两耳部下弯，帽翅外突，面宽肃穆，两眼微闭，下唇突于上吻，五缕胡须左撇，左手上抬手掌心向前作捋须状。上身着袍，胸前有太阳出海图，腰系软丝带，腹下有玉带状。关公坐于四足座床上。右臂下垂肘弯，右手放右股处，右脚着靴膝部弯曲上抬，左腿外撇弯曲下垂，脚着床踏角上。造像通体彩绘描金，颜色有剥落。

8. 韦驮铜像

清
高 24 厘米
太和县文化馆移交

韦驮身披盔甲，着长袍阔袖，
呈武将装束，双手合十，站立
于岩石形台座上。

9. 鎏金财宝天王铜像

清
高 7.9 厘米
蒙城供销社拣选

此像头戴五叶宝冠，束高发髻，两眼圆睁，面貌威严，身着锦衣，饰璎珞带，左手持吐宝鼠，右手握幢宝之姿，以鬈卷毛狮子为座骑，侧坐于卧狮背上，右腿盘坐于身下，左屈腿下垂。铜像通体鎏金，璎珞带、头冠多处镶有宝石。

10. 鎏金骑狮护法僧铜像

清

阜阳合作社拣选

通高 21.7、通长 17.4 厘米

造像头顶部一圆孔，面圆耳垂，三目怒睁口张露齿，上身着护甲，左肩斜披袈裟至脚部，右肩平举，手扬蛇形勾刀，左臂下垂，左手握护法器于胸前，肘臂伏一吐宝鼠，两股腿弯曲，两脚着僧履，身横坐于狮背上。狮口张目睁，项系钱环，身铸涡纹卷毛，眉毛上摆呈火焰状，四足站立，足毛后飘，显腾飞之势。

1. 大理石石镇（4件）

西汉

高 5.3~5.8、腹径 7.35~7.65、底径 7.3~7.65 厘米

涡阳石弓山嵇山崖墓出土

石镇一组四件，沉积花岩大理石质，半球形体，腹略鼓，顶有一半球钮，中有一穿，底平圆形。

2. 铅质哀铭

东汉

长 40、宽 5 厘米

阜阳九里沟前马庄南地出土

铅质，体长方形薄片状，色泽灰暗。正面刻铸铭文："[元]延至死时，[家室]甚痛，帐帷宿之，不敢失时。趋走卜问，良日[吉时]。东西迎工（巫），南北迎医，钅（钱）财尽朔（索），非有狐疑。元延女凉（谅）自[薄]命禄尽，夭年逢灾，宗疾（族）悲痛伤侧（恻），处生痴人为元延解补：镜箴（奁）踈（梳）比（篦），衣被禅覆，绔袍长襦，至有城郭棘室。[鸡]豚狗猪，所有皆具，壮（状）如生人之送。元延甚质，复来何来！前年枉死，延至今兹。家里悲伤，哭无解休。生人日夜蒿（号），死人日[]。生人行地上，死人行地下。隋倪离署，谁当坐者，墓伯、丘丞，案致比伍。自今以后，无得复来。女（汝）欲复来，持女（汝）卷齿，须乌如白。大[][][]，千秋万岁，无复相索。玉帝为之，自有部介（界），他如天帝符卷（券）律令！"

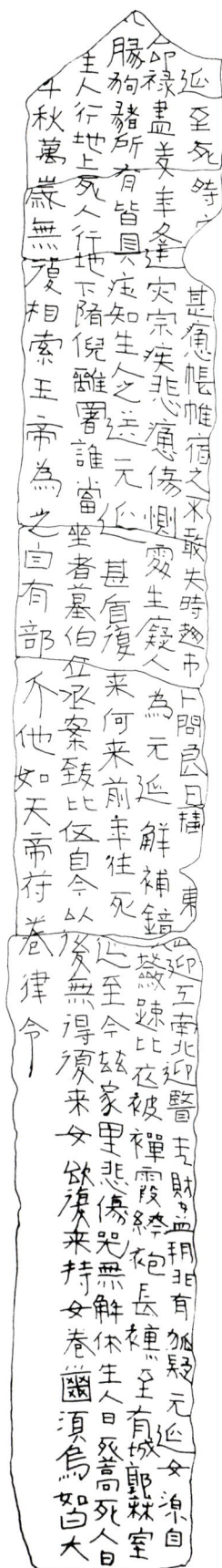

3. 金顶针

东汉
直径 1.7、高 0.6 厘米
涡阳高炉毛孤堆汉墓出土

金片弯制成环状，两端交接处焊
接，不留缝隙，表面布满针窝。

4. 辟邪金佩

东汉
长 1.15、宽 1.0、厚 0.4 厘米
涡阳高炉毛孤堆汉墓出土

体扁，略作工字形，两面形式相同，面上錾刻
联珠纹、蝴蝶结纹装饰，中部有两个相等的长
方形饰，两侧各有一形式相同的凹缺口相隔，
缺口之间有通心穿孔，可穿绳佩戴。

5. 瓜形串珠金项链

宋
周长 85、珠长 1.7、径 0.75 厘米
涡阳县店集生产队出土

由55颗长瓜形串珠穿成（原穿线不存），串珠制作精湛，薄皮空腔，两头留穿孔，六楞瓜形，两端刻錾瓜蒂装饰。大多完好，2颗变形。

6. 錾花环形金耳饰（1 对）

宋
外径 1.75、内径 1.1 厘米
涡阳县店集生产队出土

圆环状。垂环两侧錾刻相同纹饰，为细鱼地纹上饰折枝花卉。

7. 錾花金牌饰（香囊）（4件）

宋
① 长 4.2、宽 2.9 厘米
② 长 4、宽 3.1 厘米
③ 长 4、宽 2.9 厘米
④ 长 5、宽 3.2 厘米
涡阳县店集生产队出土

①

②   ③

④

①

②

③

④

① 椭圆形，鼓腹中空，由两片薄金片錾花后扣合而成。正面主体纹饰为一仙人起舞。边缘纹饰为缠枝花卉图案。

② 椭圆形，弧腹外鼓，金片轻薄。錾缠枝花卉，中部主体纹饰为变形菱形纹图案，有双线边阑。

③ 椭圆形，鼓腹中空，由两片薄金片錾花后扣合而成。正面主体纹饰为一仙人骑瑞兽。边缘为繁复细腻的缠枝花卉纹、葡萄纹。

④ 椭圆形，正面凹陷，背面微隆起。正面錾花卉图案，中部开光置一主佛两侍者，主神跏趺坐于莲花座上，头发髻卷，面部闭目低垂，褒衣博带，右掌心向上，左掌心向内。二胁侍双手合十，面向主神，立于莲蓬上。主神莲座下有一硕大的荷叶承托，底施缠枝花纹，边缘为缠枝花卉纹。

8. 錾花金镯（1对）

宋

长 8.5、宽 1 厘米

阜阳人民剧场出土

长条状，体扁宽，厚实。中部稍宽，渐向两端窄收，边缘方折略卷。镯面上錾刻六组莲花图案，荷叶、荷花、未开放的花蕾刻画细腻生动，两端兽首形。

9. 银项圈

宋

宽 15、长 16.9 厘米

阜阳人民剧场出土

体扁平薄片状，弯曲成环圈，中间稍宽，两端渐收窄，末端细丝绕成"S"形后膨大作兽首形，正面錾刻缠枝花卉纹、羽毛、兽首图案，有弦纹带边阑环圈末端留有收纹口，用于调圈径大小。

10. 金跳脱

宋

宽 0.3、厚 0.1 厘米

阜阳人民剧场出土

体由细长薄片绕制成螺旋箍匝
状，盘圈匝数计10圈，两端锻
成细丝环套，用于调节松紧。

11. 洒金纸扇

明

长 29.4 厘米

临泉姜寨明代墓出土

此扇为洒金面，竹骨髹黑漆烫金斑。扇架有20根扁平长条状竹片绕底端旋轴折
叠构成，扇纸有正背两面贴附与长条状竹片上部，纸面以洒金装饰成"田"字
形图案。扇头呈球状，中心用细丝钉固定。

179

12. 彩绣黄马褂

清
衣长 126、两袖通长 44.4、袖口宽 5.7、
下摆宽 24.8、前后开裾长 11.4 厘米
太和县文化馆移交

圆领右衽，大襟，门襟五颗纽扣，衣袖由袖身、马蹄袖两部分
构成。领口、门襟以片金镶边，袖口以片金加海龙缘镶边。两
肩前后正蟒戏珠各一，腰帷行四蟒戏珠，中有襞积，肩、腰袖
饰卷云纹，下摆饰福山寿海。此袍运用了串珠、套针、钉线、
齐针、钉金等刺绣技法，裰以黄色为底，配色艳丽柔和，为慈
禧太后赏给两广总督徐广缙荣服。

13. 龙纹袍

清

衣长 141、两袖通长 229 厘米

阜阳展览馆移交

天青色布地，样式为圆领右衽，大襟，直身，前后开裾，袖由
袖身和马蹄袖组成，襟、袖、围领以片金镶边。主体花纹用捻
金线在前胸、后背绣正龙各一，前后襟绣五爪升龙，两肩部分
绣五爪行龙各一，配以福山寿海、四条团寿纹装饰。

14. 千仓师范学堂陈鸣谦毕业文凭

宣统二年（1910年）

长80.1、宽57.7厘米

阜阳市军分区移交

长方形，纸本墨印，正文竖排右读，前为光绪三十三年（1907年）慈禧关于开办学堂律文的诏书，计十六行，后为江南千仓师范学堂核发给学生陈鸣谦的毕业文凭内容，主要包括毕业成绩、籍贯、三代父系姓名、监督李宗堂签名押印、毕业时间等。毕业时间上钤有"安徽提学使司之印"印文。正文外有双线方框边栏，双框内置八组龙纹，四角置"毕业文凭"四字。正上方中部设置证书编号、钤印，证书号作存根部分裁隙。

光緒三十三年十一月二十一日內閣奉

上諭朕欽奉

慈禧端佑康頤昭豫莊誠壽恭欽獻崇熙皇太后懿旨國家興育才采取前代學制及東西各國成法創設各等學堂即經諭令學務大臣等詳擬章程奏經核定降旨頒行獎勵之途甚優董勸之法亦甚備如不准干預國家政治及離經畔道聯名糾眾立會演說等事均經嚴禁原期海內人士束身規矩造就成材所以勗望之者甚厚乃比年以來士習頗見澆漓每每不能專心力學勉造通儒動思踰越範圍立名電達樞部干預事理肆口誑詈以致無知愚民隨聲附和奸徒游匪藉端煽亂武斷鄉里甚至抗違國家要政任意要求動輒捏寫學堂名義電達樞部不考事理肆口誑詈以致無知愚民隨聲附和奸徒游匪藉端煽亂大為世道人心之害不獨中國前史所無即各國學堂亦無此等惡習士為四民之首士風如此則民俗之敝隨之治理將不可問微挽頹風非大加整飭不可著學部通行京外有關學務各衙門嚴切申明定章廣為刊布嚴飭考核勸戒辦法前章有未備者補行增訂責令責力奉行順天府及各省督撫學政從嚴整頓以聖教為宗以藝能為輔以理法為範圍以明倫愛國為實效務令學業精進法律必知根本一差則無從挽救故不率教必予屏除以免眾之累達法律必加懲儆以防履霜之漸並著學部隨時選派視學官往各處認真考察如有廢棄經講經功課荒棄國文不習而教員不問者品行不端不安本分而管理員不加懲革者即屏斥懲罰其教員管理員一併重處決不姑寬儻該府尹督撫提學使等仍敢漫不經心視學務如秦越瘠視學堂如傳舍一味徇情畏事以致育才之舉轉為釀亂之階除查明該學堂教員管理員嚴行外恐該府尹督撫提學使及管學之員不能當此重任也其各學堂教育勵學化行俗美賢才彙造士安民之至意此旨即著管學各衙門暨大小各學堂一體恭錄一通懸掛堂上凡各學堂畢業生文憑均將此旨刊錄於前俾昭法守欽此

諭旨應各歛謹遵守外相應給發畢業文憑須至文憑者

給發畢業文憑事照得本學堂學生陳鳴謙業將簡易師範功課肄習完畢計得畢業分數童童伍肆分列入優等除恭錄

畢業考試總平均分數捌拾貳分
歷期歷年考試總平均分數陸拾柒分
實得畢業分數柒拾伍分

江南千居師範學堂

師範學堂

學科	畢業考試分數
修身	捌拾
教育	玖拾
文學	捌拾捌
歷史	捌拾
地理	捌拾

教員
趙珣
俞賢珠
劉慶荃
卓璋
趙珣
莫如漢
圖畫

簡易師範

學科	畢業考試分數
數學	陸伍
博物	捌拾
理化	捌拾
衛生生理	柒拾
莫如漢	捌拾
圖畫	捌陸

教員
包榮爵
查瑞
鈐廣元
莫如漢
查瑞

學科	畢業考試分數
手工	玖捌
音樂	捌捌
體操	捌捌
國文第二題	捌伍

教員
劉慶荃
鮑先宇
鮑先宇
審學使

本學生現年貳拾肆歲係安徽阜陽縣人
曾祖之墉
祖鳳翔
父保仁

宣統式年拾式月 貳拾 日給

右給 學生陳鳴謙

監督 李宗棠

15. 犀牛角杯（2只）

清
① 通高 13.8、口长 9、宽 6.1 厘米
② 通高 7、口长 17、宽 10、底长 4.8、底宽 4.6 厘米
阜阳博物馆征集

① 整器雕成荷莲水草立体图案，上部硕大荷叶作杯体，口椭圆形，口沿曲线翻卷，置两螭虎爬伏在沿口，一螭虎头向着杯内作饮吸状，另一螭虎亦伏于口沿，头残。杯体内为雕刻叶脉清晰精准，外壁及其下刀镂刻荷叶、水草纹，底略残。

② 尖唇，口椭圆形，微外斜，腹内收，平底。杯口饰两周云雷纹，一端置两螭虎作伏身攀援杯口状，一螭虎头折向杯内，嘴扁宽，角柱有分岔，作饮吸状，躯体四肢，分岔长尾贴服于杯口；另一螭虎体略小，头向着另一螭虎，爬行与杯口上，螭虎下镂刻两曲柄执手。外壁杯口下对称饰有两爬行螭虎，腹下部纹饰区对称置变形兽面纹，云雷纹作底。

①

②

其他

191

16. 都督张纪念牌

民国
直径 3.9 厘米
阜阳市文物管理所移交

银质，圆形，正面铸有"中华民国元年"、"头等纪念牌"和旗帜，背面印有张都督（张宗禹）半身像和"直隶都督张"铭文。有细边轮。

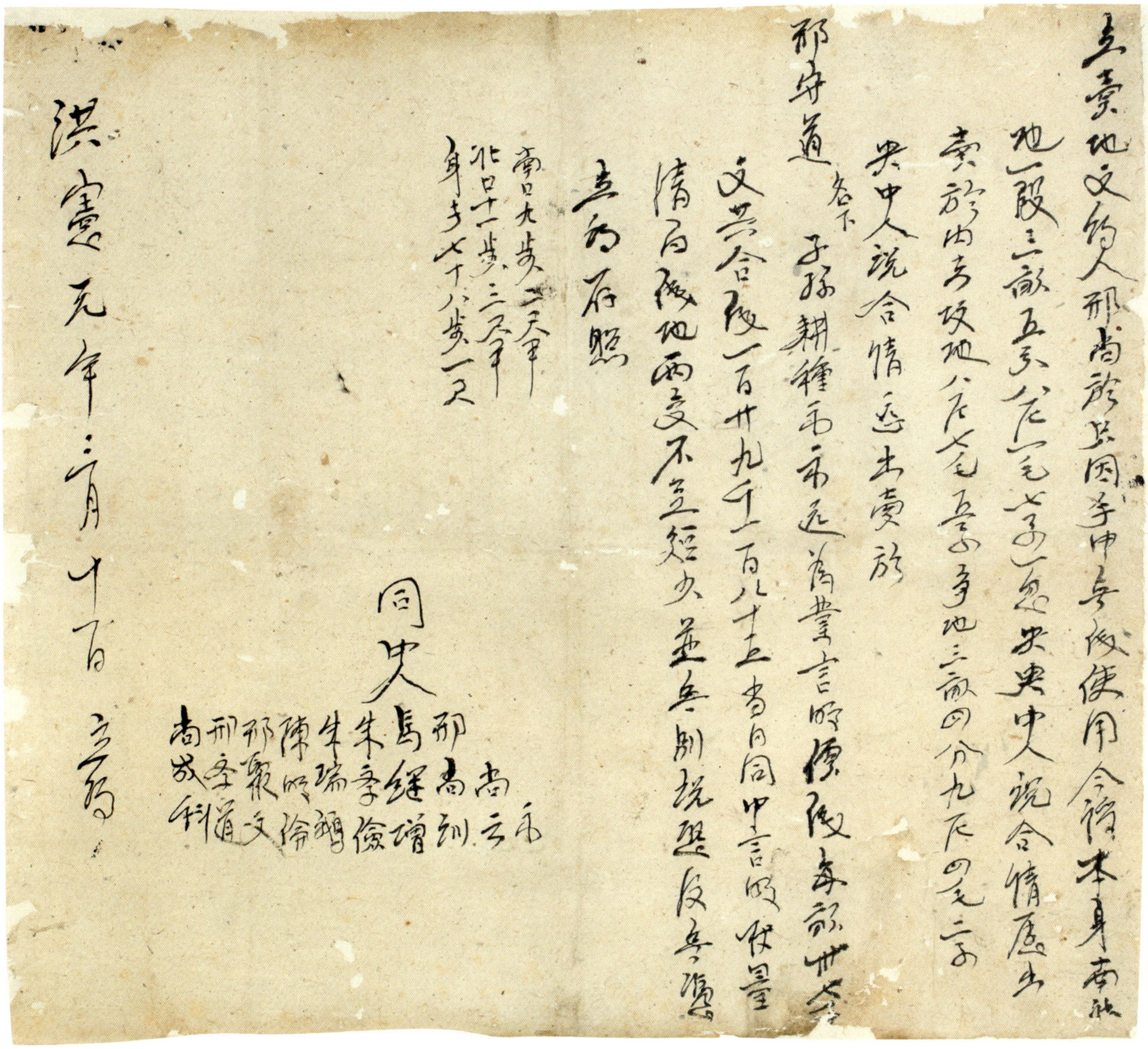
立賣地文約人邢尚於且因手中無錢使用今請本身南北
央中人說合情愿出賣於
邢守道名下
子孫耕種永遠為業言明價錢每畝卅六
文共合錢一百廿九千一百八十五當日同中言明收足
清白後地兩交不立短少並無別說恐後無憑
立約存照
同中人
邢尚訓
馬繼增
朱季儉
朱瑞翔
陳明徐
邢家文
邢季道
尚成科
洪憲元年三月十一日立約

17. 洪宪元年地契

民国
长 47.1、宽 41.4 厘米
阜阳展览馆移交

契约写在草裱纸上，由右向左成行竖写，毛笔行书体。卖地立约人为邢尚於，买地立约人为邢守道，过地约三亩四分，共合钱一百二十九千八十五云云。后书有九位同中人姓名，“洪宪元年（1916年）三月十一日立约”。契约纸质粗劣，有略许残缺，现已托裱。

①

②   ③

1. 银削柄（3件）   3件，银质，不见刀首及前身，仅存柄部与尾环。

西汉   ①柄部扁宽，截面呈上宽下窄的倒梯。尾环为盘曲兽体状，截面呈扁圆形，兽首
①高 7.7 厘米   朝向柄部。柄部末端与兽首交接处有焊接痕。
②高 4.8 厘米
③高 4.8 厘米   ②、③样式基本相同，尾环扁圆形，环的截面呈扁宽椭圆形。尾环系柄部向后延
阜阳西汉汝阴侯墓出土   展弯折而成，未作焊接处理。

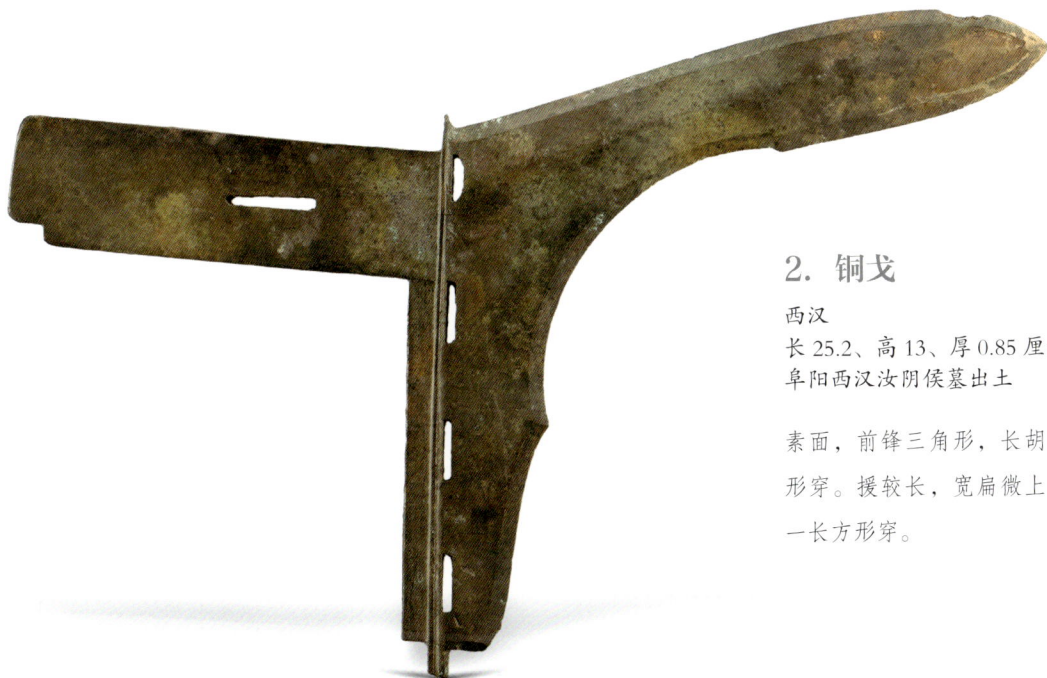

2. 铜戈

西汉
长 25.2、高 13、厚 0.85 厘米
阜阳西汉汝阴侯墓出土

素面，前锋三角形，长胡，阑侧三方
形穿。援较长，宽扁微上翘，纳上有
一长方形穿。

3. 铜鐏

西汉
长 15、径 3.5 厘米
阜阳西汉汝阴侯墓出土

长柱状体、中空。外壁有折棱，中间有一道箍。

4. 长铜剑

西汉

通长 92.5、径宽 3.5、厚 0.6、镡径 4.1、
剑格长 5.1、宽 2.5 厘米

阜阳西汉汝阴侯墓出土

体表略锈蚀，身狭长，平背无棱，斜丛。狭前锷收束成锋，菱形格，分扁茎实心，无箍节，边剑首处残断。剑首圆形，剑身较宽，突起呈直线，圆茎，茎上有两道箍节。前端圆锥体状，末端外突圆形，平顶，中空成錾。

5. 铜错金弩机

西汉

通长 16.5、宽 3.5 厘米；
望山高 3、宽 1.5、厚 0.6 厘米；
悬刀长 8.9 厘米

阜阳西汉汝阴侯墓出土

弩机由望山、牙、钩心、悬刀、键和郭组成，两侧各装饰有错金纹饰，已锈蚀脱落不清，中间残存原弩的木柄一节。

①

6. 铜弩机（2件）

西汉

①长 19、高 13 厘米

②长 14、高 12 厘米

阜阳西汉汝阴侯墓出土

弩机仅有身部铜构件，望山、牙、

悬刀较完整。

②

7. 铜行灯

西汉
通长 31.5、直径 15.11、高 5 厘米
阜阳西汉汝阴侯墓出土

素面，由盘和曲柄两部分构成，盘圆唇、直口、直壁、平底，中心置一上端尖细的烛钎，底下三短足。曲柄扁宽，末端椭圆形。上有铭文"女阴侯［灯］重二斤（？）两，三年女阴库已工（？）造"。整体保存完好，体表略锈蚀。

8. 鸠杖

西汉
长 6.6、宽 2.2、高 3.3 厘米
阜阳西汉汝阴侯墓出土

体作伏卧形，昂首，羽翼伏于背部，翼梢略上卷，长尾。

9. "汝阴家丞" 封泥（2 件）

西汉

长 3.1、宽 2.7、厚 0.6 厘米

阜阳西汉汝阴侯墓出土

泥质，方形，残，正面有"汝阴家丞"印文。

10. 错金铜弓弭（4 件）

西汉

高 4.8、底径 2、顶长 1.5、宽 1.1 厘米

阜阳西汉汝阴侯墓出土

体表错金饰卷云纹，体略呈圆锥状，中空成銎，体侧有三脊凸。

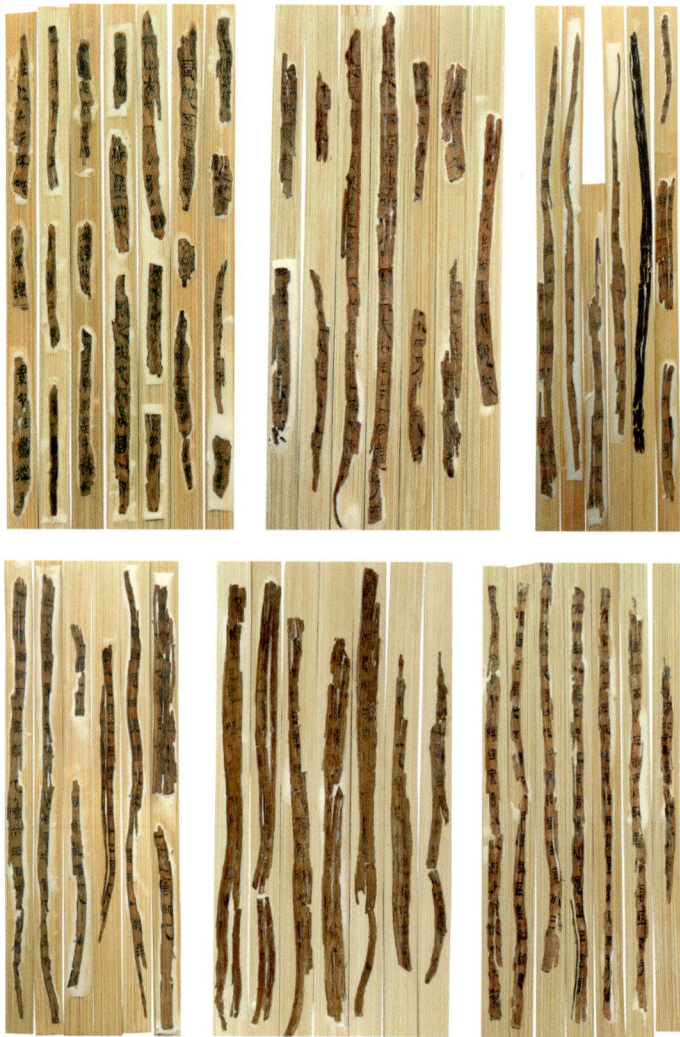

11. 阜阳汉简（1组）

西汉
阜阳汝阴侯墓出土

"阜阳汉简"是阜阳西汉汝阴侯墓出土简牍材料的简称，1977年安徽省文物工作队、阜阳地区博物馆、阜阳县文化局等单位在发掘阜阳双古堆1号墓（即汝阴侯墓）时，发现了这批简牍，随后国家文物局古文献研究室、阜阳地区博物馆对出土材料进行了整理、研究。据墓葬形制和随葬器物铭文，可知双古堆汉墓是第二代汝阴侯夏侯灶夫妇合葬墓，夏侯灶是西汉开国功臣夏侯婴之子，卒于汉文帝十五年（公元前165年），因此阜阳汉简的年代下限不晚于这一年。竹简原在椁室东边箱漆笥内，因墓葬早期被盗，椁板塌毁，竹简被挤压成块状，受到严重破坏。简片经细心揭剥分离，但皆已残断。

阜阳汉简目前已整理出《诗经》《周易》《苍颉篇》《万物》《刑德》《日书》《春秋事语》《儒家者言》等20余种，均系秦汉之际的珍贵典籍，其中《诗经》《周易》《苍颉篇》等13种简牍已被文化部公布入选国家珍贵古籍保护名录。汉代文献的原始版本流传于世者极少，阜阳汉简的出土，为考察秦汉时期的历史、语言、文字及书法艺术的发展源流等提供了珍贵的实物资料。

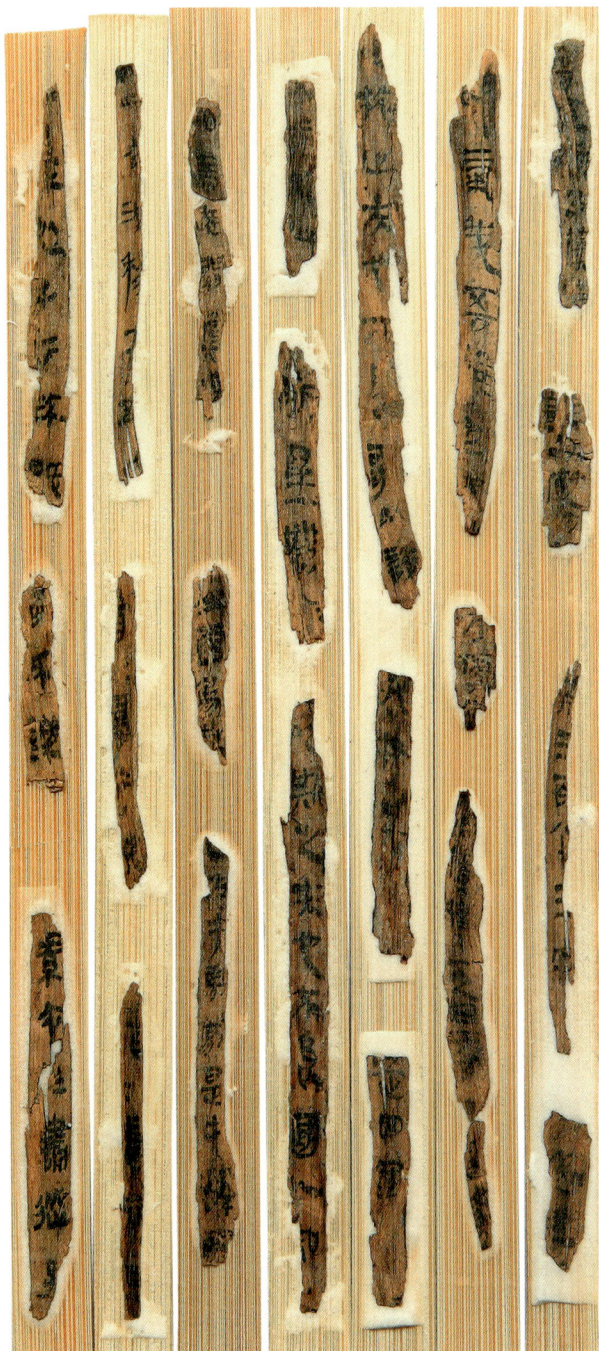

阜阳汉简《诗经》（局部）

阜阳汉简《周易》（局部）

阜阳汉简《苍颉篇》（局部）　　　　阜阳汉简《万物》（局部）

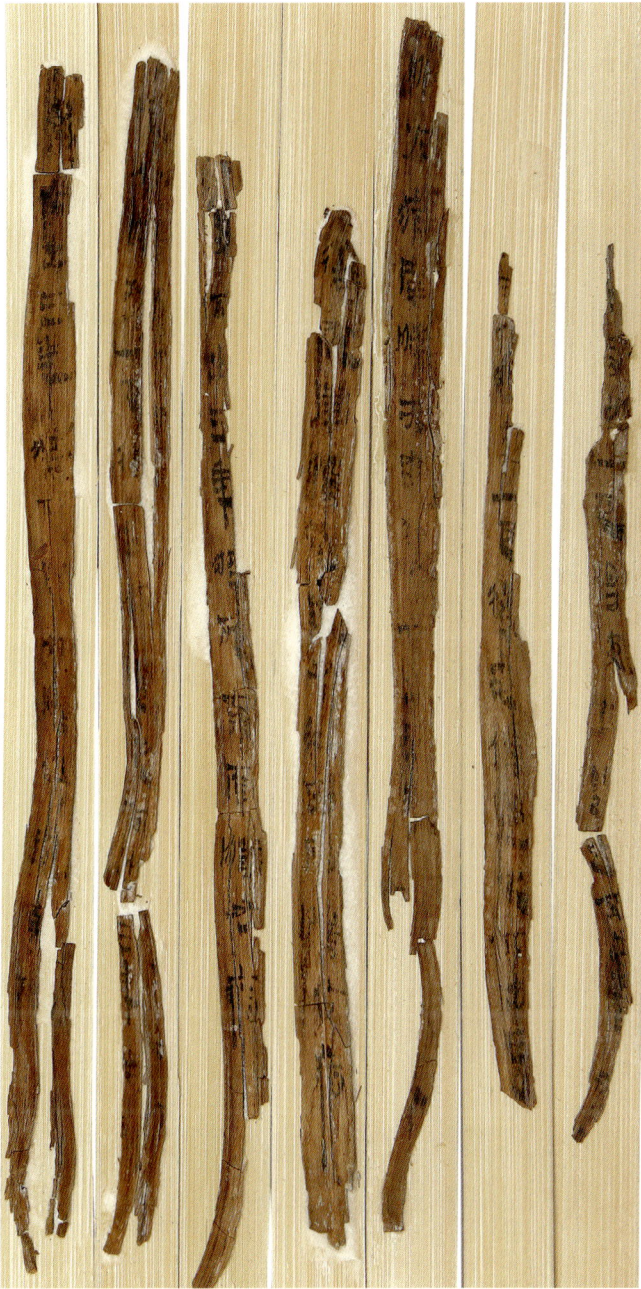

阜阳汉简《刑德》（局部）　　　　　　　　　　　　　阜阳汉简《日书》（局部）